ねこねこさんの

シンプルなのに
驚くほどうまくいく！

バレットジャーナル活用術

Bullet Journal

neconeco

ノートとペンですぐに始められる

エムディエヌコーポレーション

プロローグ

はじめまして、ねこねこと申します。

インスタグラムで、自分で書いた手帳の中身や絵日記を公開している関東在住の専業主婦です。

娘の成長記録がきっかけ

２０１４年頃から、育児日記として手帳をインスタグラムに公開していました。毎日の娘達の成長記録もとれるし、「いいね」をもらうのも褒められているみたいで嬉しくてどんどんインスタグラムが楽しくなっていきました。

しばらく「#notebook」などで投稿していたところ、あるときから目につくようになった「#bulletjournal」というタグ。英文ページだったので何が書かれているかはなんとなくしか理解できなかったのですが、ぎっしりとイラストなども描き込まれたページの数々にどんどん魅了され「私も書いてみたい！」という気持ちにすぐになりました。思い立ったらすぐ行動。当時、既に使っていた自作手帳に取り入れる形で２０１７年からバレットジャーナルを始めました。

私もはじめはシンプルなＴＯＤＯメモでした

過去を振り返ると、それまで毎日のＴＯＤＯ管理はメモ帳を使っていました。タスク完了したメモ帳は一日が終わったらゴミ箱に捨てる、という普通

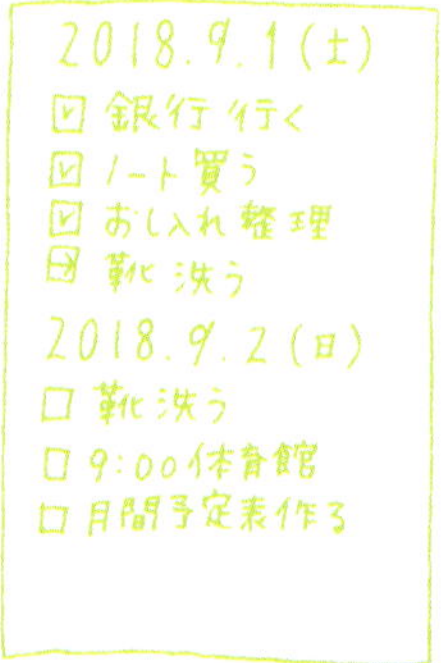
2018.9.1(土)
☑ 銀行行く
☑ ノート買う
☑ おし入れ整理
☒ 靴洗う
2018.9.2(日)
□ 靴洗う
□ 9:00 体育館
□ 月間予定表作る

のスタイル。そのうちに切り取らないタイプのメモ帳を使い始め、たまたま数日分溜まったＴＯＤＯを見返したとき、なんとも言えない達成感を感じました。「私結構がんばってるじゃん！」と思い、すぐメモ帳をやめ大学ノートに日付とＴＯＤＯを書いて、終わったタスクも見返せるようにしました。自分で自分を褒めようスタイルの出来上がりです。

　やり残したタスクも把握できて一石二鳥だなと感じていました。と同時に持ち歩き用のスケジュール帳が市販で好みのものが見つからなかったので、自分でＭＤノートにマンスリーフォーマットを書いた自作手帳を使用していました。

　そして「ＴＯＤＯノート」と「自作スケジュール帳」「育児絵日記ノート」の3冊を使い分けしていたところにバレットジャーナルなるものを知り、それらすべてを一冊で管理してもいいんだ！　と眼からウロコの気持ちで飛びついたのです。

どうせならかわいいバレットジャーナルを作りたい

本来のバレットジャーナルは、箇条書きでＴＯＤＯをこなしていくシンプルなものを指すのかもしれませんが、最初に自分が見たバレットジャーナルは、細かく綺麗にかわいく描いている外国の方々のものでした。そのため、「これが正統派！」くらいに思っていたのです。

「かわいいノートを作りたい」からスタートしているので、最初にいきなりコレクションページを書きました。「ウィッシュリスト」だったと思います。それから「読みたい本リスト」「観たい映画リスト」……。

最初からそんな感じで始まっているので、なんちゃってバレットジャーナル

と言われても仕方がないかもしれません。でも私は手帳を作業にしたくなくて、書いてワクワク・読み返してワクワクするような手帳にしたかったのです。どんなフォーマットにしよう、どんなイラストで飾ろうかと考えている時間が楽しくて仕方がないのです。

「楽しい」から続けられる

本書にも書いていますが、続けられている理由はとにかく「楽しい」からです。自分で手帳を「楽しいもの」にしたかったのです。スケジュール管理やＴＯＤＯ管理だけに重点をおいていたらきっと続かなかったと思います。イラストを描けなければマスキングテープやシールで飾ってもいいと思います。

書けないときはお休みしても誰も文句は言いません。私も下書きのまま放置しているページがたくさんあります。

でも大丈夫。自分のノートなので気にしません。

「かわいいノートを作りたい」で始まったバレットジャーナルですが、思いのほか家事管理に役立ったのはうれしい誤算です。手帳に書き込みたいから、家事をがんばるようになったのです。

ハビットトラッカーを塗りつぶしたいから、以前より掃除の頻度が上がりました。ちゃんと食事ログ（meal log）を書きたいので栄養バランスを考えた食事を作るようになりました。決して無理をしているわけではなく、ノートに書きたいから家事をする、のバランスがとてもちょうど良いのです。

そして毎日書くことでストレス発散。充実した手帳ライフを送っていることが生活のハリにもなっています。

この本では、私が今まで作ってきたバレットジャーナルのやり方を紹介させていただきましたが、バレットジャーナルは本人が自由にカスタマイズしていくもので書き方に正解はないのだと思います。これからバレットジャーナルを始めたいと思っている方、既にバレットジャーナルを始めている方が、もっと手帳をかわいくしたい・楽しくノートを書きたいと思ったときに何かヒントになるものが見つかるといいなと思います。

ねこねこ　2018年9月吉日

NOTEBOOK TIME!!
EVERYTIME STANDBY OK

Chapter 1 バレットジャーナルのきほん

01 「バレットジャーナル」とはどんな手帳？……16
02 お気に入りのまっさらなノートに書き込む……18
03 タスクはKeyで管理する……20
04 目次ページやインデックスシールの活用……22
05 未来の予定を俯瞰する……24
06 1週間・1日のタスクを管理する……26
07 コレクションページの活用……28

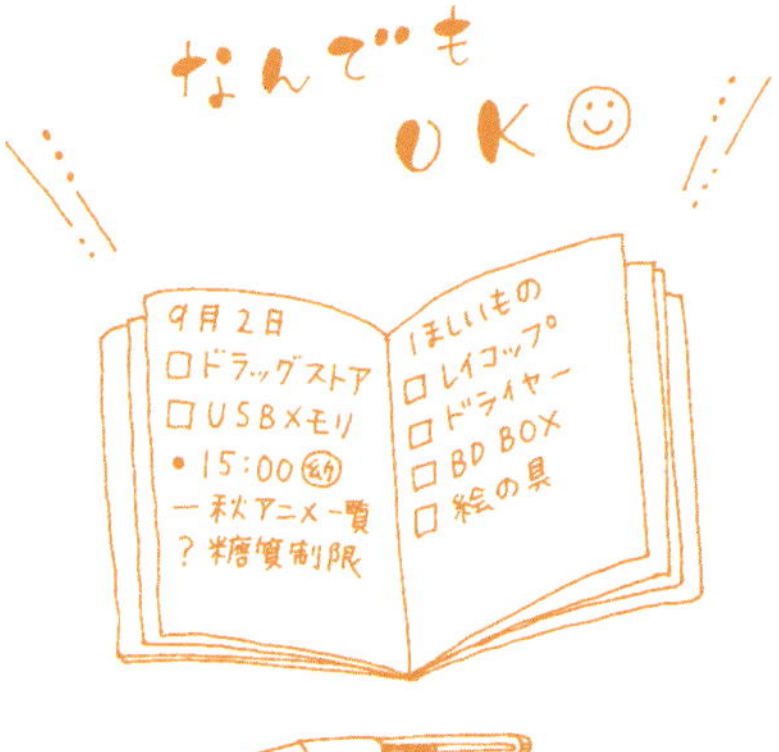

Chapter 2

バレットジャーナルの作り方、始め方

08 使用するノートを決める …… 32
09 ノートに合ったペンを選ぶ …… 34
10 表紙を書く。目標は模様化 …… 36
11 年間カレンダーはノートに手書きで …… 38
12 年間スケジュール表の作り方 …… 40
13 年間スケジュールの使い方 …… 42
14 ウィッシュリストを作ってみる …… 44
15 月間予定表を作る …… 46
16 月末にその月を振り返る …… 48
17 週間ＴＯＤＯページを作る …… 50

18 TODOページを管理する……52
19 ページ構成はどんどん変えられます……54
20 その日の気分でレイアウトを変更……56
21 タスクをメインにした週間TODO……58
22 1日の記録をメインにした週間TODO……60
23 レフト式タイプの週間TODO……62
24 記録することで何がいけないかがわかる……64
25 TODOはできるだけ細かく……66
26 やるべきことをひと目で管理……68
27 オリジナルの記号を作る……70
28 マンスリー絵日記は日付優先で左詰め……72
29 道具はなるべくシンプルに……74
30 SNSに投稿して「いいね」をもらおう……76
31 月の表紙を作る ①月ごとにテーマを入れる……78
32 月の表紙を作る ②正円を使って……80
33 月の表紙を作る ③罫や模様の描き方……82
34 月の表紙を作る ④書体の描き方……84
35 月の表紙を作る ⑤組み合わせてみよう……86

Chapter 3

バレットジャーナルの続け方、管理の仕方

36 ハビットトラッカーで毎日を記録 …… 90
37 健康チェック表で体調を管理 …… 92
38 気になったニュース・天気を記録する …… 94
39 時間を確保するためにノートを開くを習慣化 …… 96
40 カレンダーを部屋にかけない …… 98
41 SNSで宣言する …… 100
42 スキなもので固める …… 102
43 できなかったことを見直すことの大切さ …… 104
44 一日の終わりにその日のページを振り返る …… 106
45 前夜に振り返りができなかったら翌朝に …… 108
46 スマホアプリを活用する …… 110
47 鉛筆の単文で下書き。後でまとめて絵日記に …… 112
48 好きな動物を擬人化 …… 114
49 週間ページのイラストは目の前にあるもの …… 116
50 旅行の際は便利なアプリを活用する …… 118
51 インデックスシールを上手に活用 …… 120
52 マイタイムを作って清書 …… 122
53 私のある日の1日 …… 124
54 イベントが近づいたら…専用のリストページを作る …… 126

Chapter 4

バレットジャーナル コレクションページ活用法

55 Not TODOリスト……130
56 読みたい本のリストを作る……132
57 観たい・行きたい映画リスト……134
58 年末に向けた大掃除リスト……136
59 叶えたいことをリスト化……138
60 家族の通院記録……140
61 その日の感情を色分け……142
62 就寝・起床時間の記録……144
63 365日の貯金……146
64 お付き合いリスト もらったもの・贈ったもの……148
65 緊急時の連絡先……150
66 家計簿を組み込んだマンスリーカレンダー……152
67 絵の練習を兼ねた食べ物記録……154
68 欲しいものやお気に入りのものをリストに……156
69 献立リストを作る……158
70 テンションアップリストを作る……160
71 好きなアーティストのスケジュール化……162
72 旅行・お出かけ持ち物チェック表……164
73 非常用持ち物チェック表……166
74 Webや雑誌で気になったレシピを記録……168
75 前向きになりたいときの名言集の書き写し……170

Chapter 5

バレットジャーナル すぐに使える イラスト集

お花アレンジも♥
1つのフォントで可能性無限大♥

76 かわいいイラスト、文字や数字のあれこれ …… 174
77 顔のまわりいろいろ …… 176
78 影の付け方　練習してみよう！ …… 178
79 数字のあれこれ…なぞって練習しよう …… 179
80 ABC…なぞって練習しよう① …… 180
81 あいうえお…なぞって練習しよう …… 181
82 ABC…なぞって練習しよう② …… 182
83 ABC…なぞって練習しよう③ …… 183
84 文字のアレンジ…なぞって練習しよう …… 184
85 飾り枠いろいろ① …… 186
86 飾り枠いろいろ② …… 188
87 飾り罫いろいろ …… 190

Chapter 1

バレットジャーナルのきほん

01

「バレットジャーナル」とはどんな手帳？

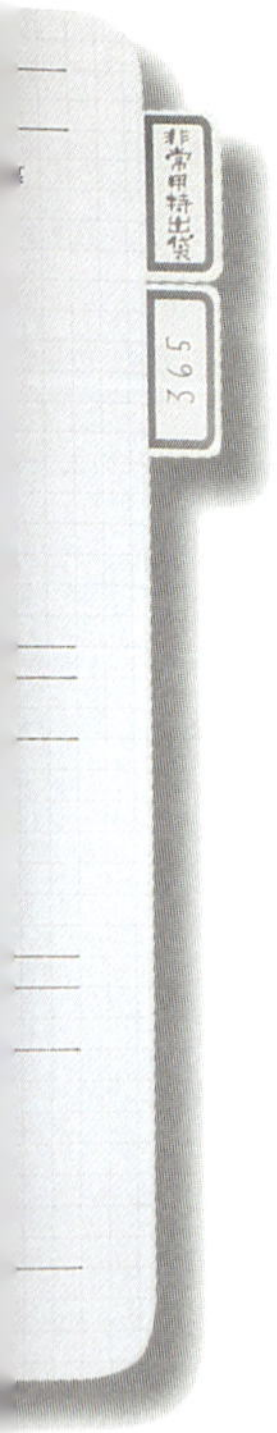

必要なのはノートとペンだけ！　バレットジャーナルは、一冊のノートと一本のペンで始めることができるノート術。ノート術であって、「バレットジャーナル」という名前の手帳やノートが売っているわけではありません。

箇条書きで整理していくノート術

すぐにメモを書いても、ランダムに書き出していくだけでは、次にそのメモを見たとき、一見何のことが書いてあるのかわからなくなり理解するまで時間がかかってしまいます。「バレットジャーナル」というノート術を使えば、箇条書きでメモした曖昧な部分を、箇条書きの先頭につける「記号」で分類することで整理していくことができます。さらに、自分のライフスタイルに合った、いろいろなページを自由に作れるというメリットもあります。

週間TODO管理ページ

一週間を見開きで管理

1日のタスクとは別に、この週で行いたいタスクを記入する

日付と曜日、天気などを記録しても◎

「TODOリスト」の他、「思いついたアイデア」「忘れてはいけないこと」などを記録し管理

自身のライフスタイルに合ったいろいろなページを作ることができる

※箇条書きの先頭に付ける点「・」＝「弾丸」(Bullet)を「日記」(Journal)のように活用することからバレットジャーナルと名付けられた

02

お気に入りのまっさらなノートに書き込む

バレットジャーナルは自分でイチから作っていくノートです。使うノートは基本的になんでもOK！　ノートのサイズ・紙質なども好みのものを選びましょう。

世の中には いろいろな ノートがある

ノートは何が良いのか。無地のノートやうっすら罫が引かれたもの、図案やスケジュールが描きやすい方眼が印刷されたものなど、いろいろな種類のノートが世の中には存在します。その中から自分好みの一冊を探すのはとても大変ではありますが、お気に入りの一冊が見つかったときの喜びはひとしおです。

私が選んだ ノートたち

私は今年、モレスキンを選びました。高価なノートですが、ＳＮＳで投稿している方を見て一度使ってみたかったからです。でも消しゴムをかけると紙がひっかかる感覚があるので、来年はジークエンスノートに戻そうと思っています。ジークエンスノートは紙自体は薄いのですが、ペンの進みがスムーズで方眼のサイズも４㎜と小さめ。こまごまとした表を書くにはもってこいですし、消しゴムをかけても大丈夫なところが気に入っています。

03

タスクはKeyで管理する

ノートにタスクを書き出し、先頭につけたKeyと呼ばれる記号で管理していくのが、バレットジャーナルの基本です。優先順位をKeyによって視覚化することで、やることが明確になります。

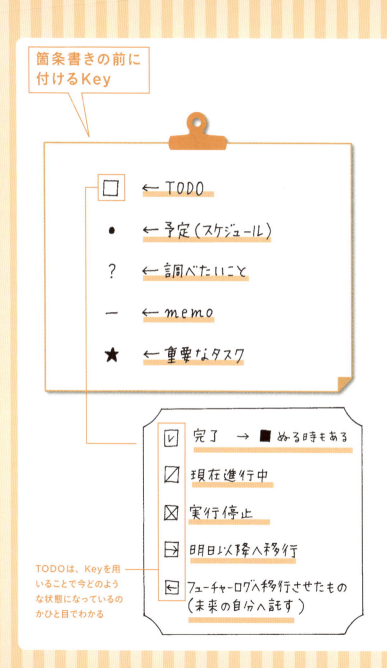

箇条書きの前に付けるKey

- □ ← TODO
- • ← 予定（スケジュール）
- ? ← 調べたいこと
- ー ← memo
- ★ ← 重要なタスク

- ☑ 完了 → ■ ぬる時もある
- ◪ 現在進行中
- ☒ 実行停止
- ⇥ 明日以降へ移行
- ⇤ フューチャーログへ移行させたもの（未来の自分へ託す）

TODOは、Keyを用いることで今どのような状態になっているのかひと目でわかる

04

目次ページやインデックスシールの活用

開きたいページをさっと開けるように、目次ページやインデックスシールを活用しましょう。お気に入りのブックマーカーを使ってもいいのです。

バレットジャーナルの内容を明記して管理

バレットジャーナルは「コレクションページ」と呼ばれる自分好みのさまざまなページを作ることができます（P28）。ただ、がんばってたくさんのページを作っても、そのページがどこにあるのかわからず開くのに時間がかかってしまうと、それがストレスになってノートから遠ざかってしまいます。そうならないためにも、自身のノートに合った方法を探しましょう。

目的のページをすぐに開くには…

①目次ページを作る

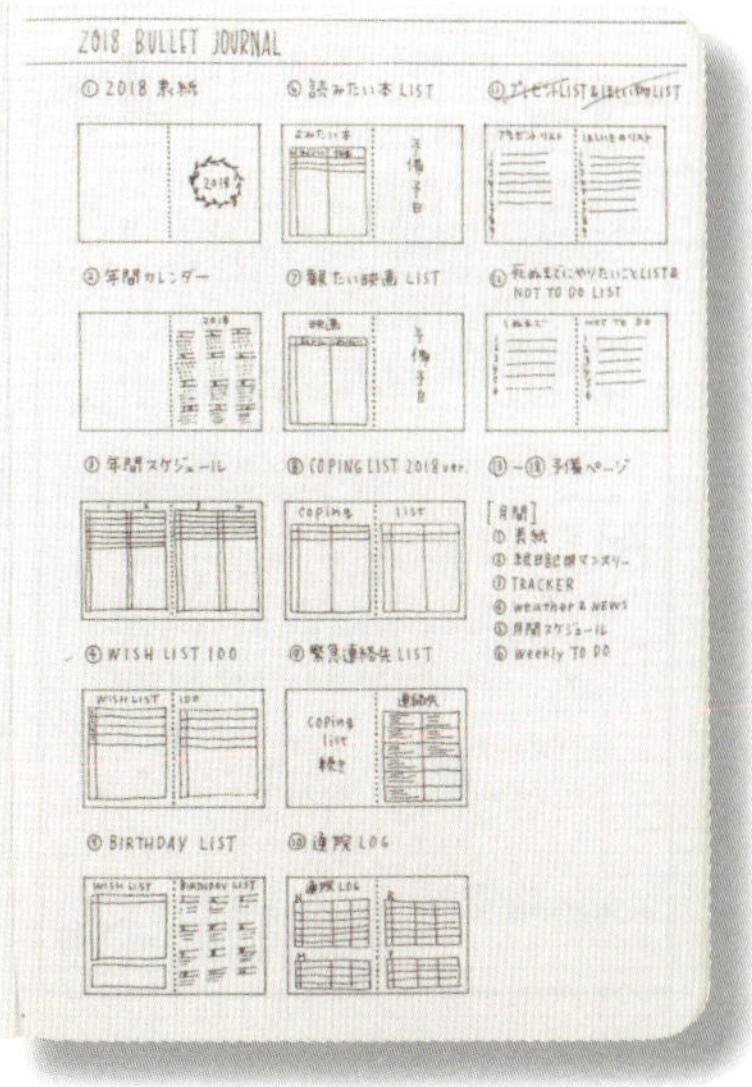

②ブックマーカーを用いる

③インデックスシールを活用する

05

未来の予定を俯瞰する

「その日にやること」だけではなく、先のスケジュールを把握しておくことも大切です。1年先・半年先のスケジュールを書き出し、そこに目標や願望も書いておきましょう。

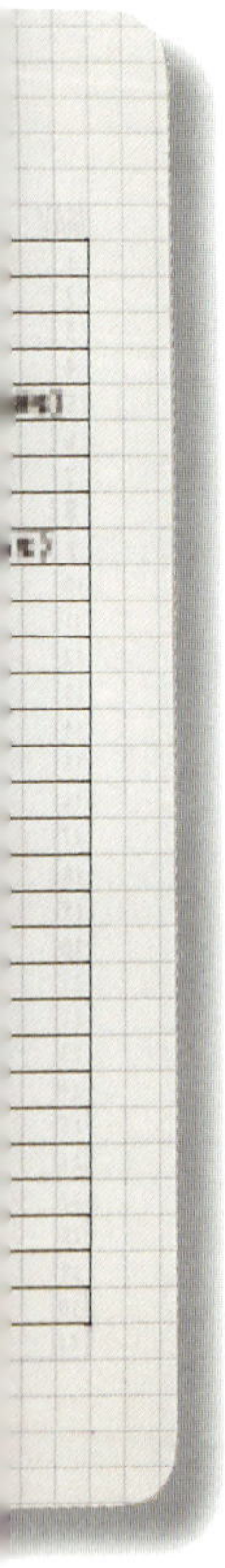

見開き単位で未来の予定を管理する

未来のスケジュールの把握は「見開きで俯瞰」できるようにレイアウトを作成するのがベストです。ただ、見開きで1年を俯瞰するか、半年にするか4ヶ月にするかは、自分の見やすいバランスで調整していきましょう。文字にすることで自然と頭に刷り込まれ、読み返すたびに「○月×日にはこうなっている」と脳が思い込むので、その結果意識せず実行していたり、その目標や願望に近づいていたり……知らず知らずのうちに願いが叶っていることもあります。

A YEARS SHORT DiARY
JANUARY
1 あけましておめでとうございます
2 ジジ誕生日(ケーキでお祝い)
3 新潟→[redacted]
5 ミニバス初め(N)
6 N散髪
7 R ミニバス初め
9 N 始業式
10 R 始業式
12 人生初アヒージョうまうま
14 [redacted]初戦突破(イエー)
18 インフルエンザ発症(N)
21 引きこもり
24 N 復活
25 美容院
31 R インフルエンザ発症
FEBRUARY
1 学級閉鎖
5 園閉鎖
9 園閉鎖再び
11 新人戦初勝利(イエー)
15 人生初撮影
16 人生初取材
17 [redacted]準優勝(イエー)
18 [redacted]飲み会
22 授業参観
23 [redacted]音楽会
25 [redacted]成功!!
MARCH
4 Wリーグ初観戦
5 [redacted]プレゼンター
7 貧血の通院(数値回復)
8 雨で遠足延期
9 [redacted]
10 結婚記念日
11 ↑のごはんにお出かけ
14 [redacted]ランチ会
17 [redacted]着
18 [redacted]集合
19 [redacted](歌うたいに行くR)
22 R修了式と保ゴ者会
23 N修了式 R春休みSTART
31 [redacted]飲み会
APRIL

日記のように書き足しても◎

見開き4ヶ月で作成

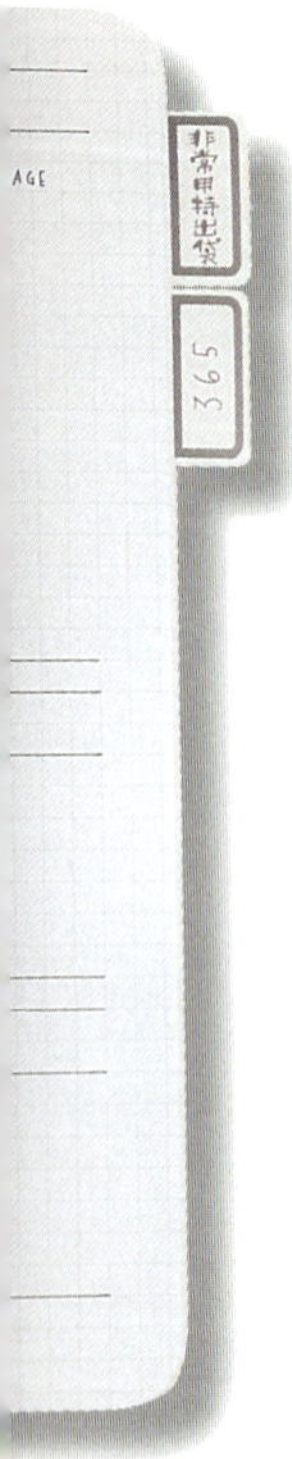

06

1週間・1日のタスクを管理する

1週間・1日単位でスケジュールとタスクを管理しましょう。1日で管理しきれないタスクは、週単位で管理することによって効率よく進められるでしょう。

タスクを箇条書きで書き出し管理

その日（1日）にやるタスクを箇条書きで書き出す

いつやるか決めていないタスク、1日では終わらないタスクは別に書き出し、週で管理する。もし日付が決定したら、その日のタスクに書き写せばよい。文字などを間違えたときは修正液を使用する

07 コレクションページの活用

「体調チェック表」や、「日々の天気」の記録、「レコーディングダイエット」といった食の記録など、自分が残したいと思うことをコレクションページに記録していきましょう。

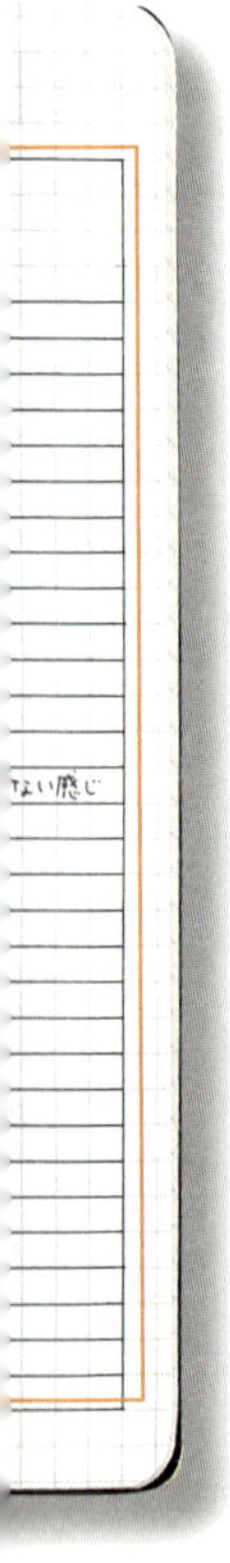

なんでも書き留める

人間は忘れながら生きていく生き物なので、少しでも残しておきたいものはガンガン記録していきましょう。きっと何年・何十年後に読み返したときにクスッと笑えたり、何かのアイデアにつながったり、無駄ではない大切な記録になると思います。

記録に適したフォーマットをデザインする

天気と最高気温・最低気温を記録する欄は最初のフォーマット作りが大変ですが、1ヶ月分を見やすく記録できて気に入っています

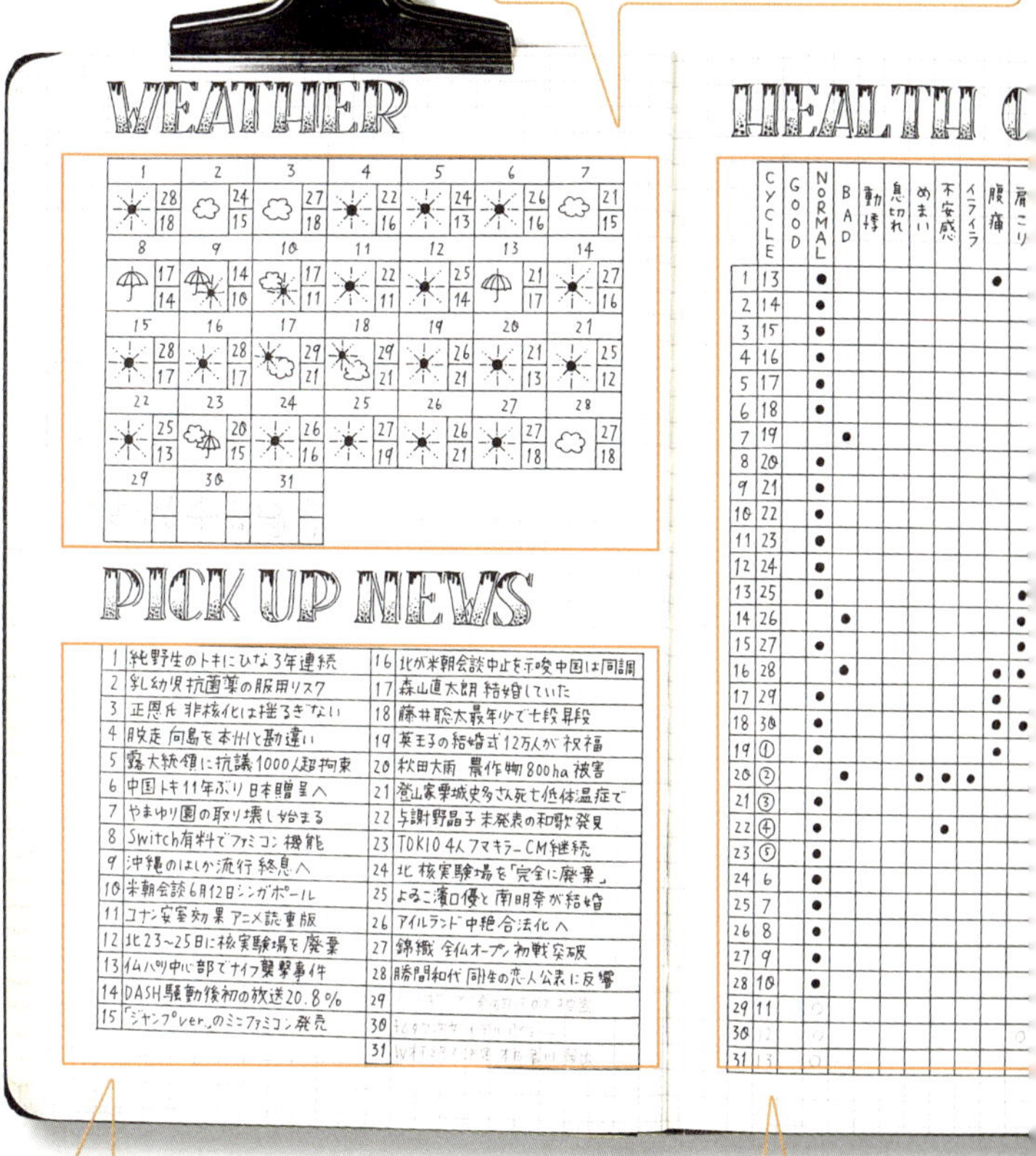

WEATHER
PICK UP NEWS
1 純野生のトキにひな3年連続
2 乳幼児抗菌薬の服用リスク
3 正恩氏 非核化は揺るぎない
4 脱走 向島を本州と勘違い
5 露大統領に抗議1000人超拘束
6 中国トキ11年ぶり日本贈呈へ
7 やまゆり園の取り壊し始まる
8 Switch有料でファミコン機能
9 沖縄のはしか流行終息へ
10 米朝会談6月12日シンガポール
12 北23~25日に核実験場を廃棄
14 DASH騒動後初の放送20.8%
15 「ジャンプver.」のミニファミコン発売
16 北が米朝会談中止を示唆中国は同調
17 森山直太朗 結婚していた
18 藤井聡太最年少で七段昇段
19 英王子の結婚式12万人が祝福
20 秋田大雨 農作物800ha被害
22 与謝野晶子未発表の和歌発見
23 TOKIO 4人フマキラーCM継続
24 北 核実験場を「完全に廃棄」
26 アイルランド中絶合法化へ
27 錦織 全仏オープン初戦突破
28 勝間和代 同性の恋人公表に反響
HEALTH C
CYCLE
GOOD
NORMAL
BAD
動悸
息切れ
めまい
不安感
イライラ
腹痛
肩こり

その日のニュースの中で気になったことを記録する欄は、もともと週間のTODOページの中に組み込んでいたものです。1ヶ月を一覧にした方が見返しやすいと思いこの形になりました

体調チェック表。表のフォーマットは見やすいようにどんどん変更していって構いません

バレットジャーナルのお供に方眼ノートと方眼メモ

モレスキンの「ドット ジャーナル」（ドット方眼）。縦長スリムのサイズ感にドット方眼、背表紙むき出しのパタンと開く製本はバレットジャーナル用のノートとしてオススメ。他にはないカラー展開が魅力

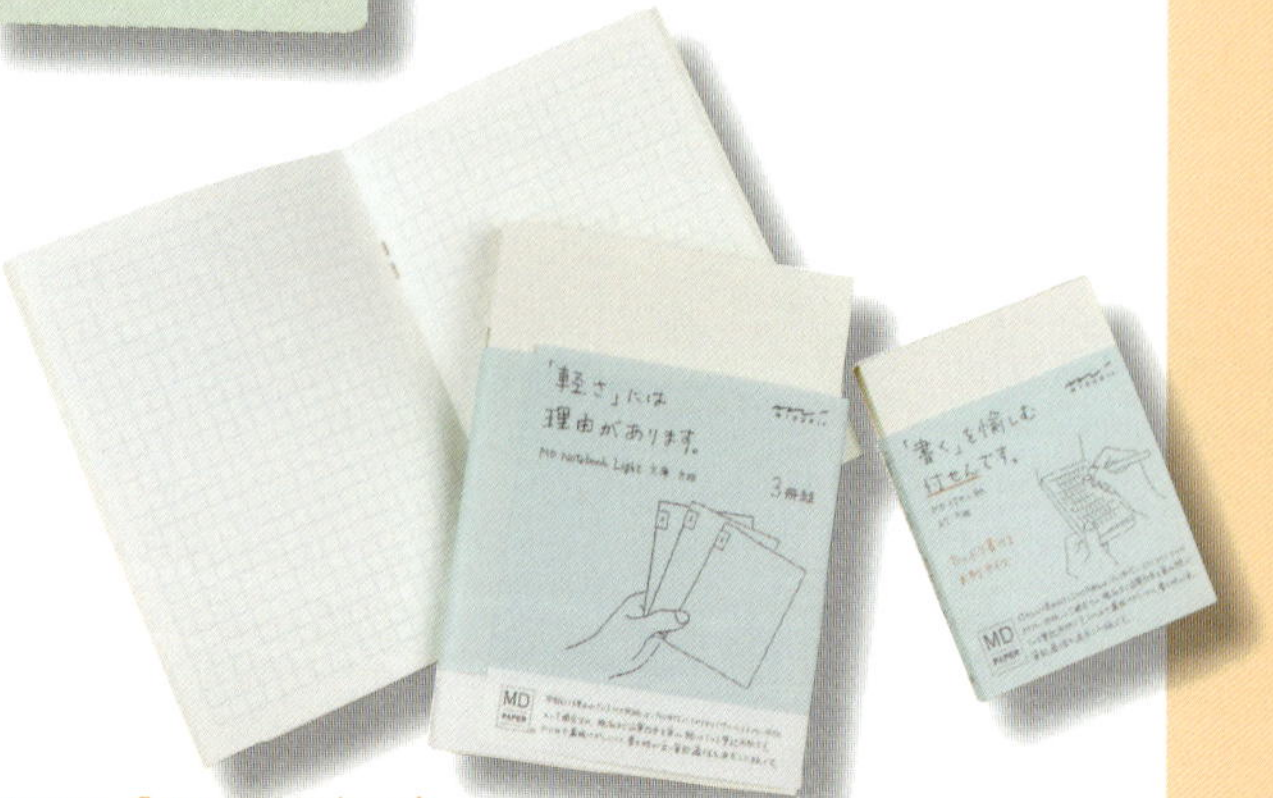

MD PAPERの「MD Notebook Light 文庫 方眼 3冊組」と「MD付せん紙 A7 方眼」。同じ紙・同じ方眼で作られたノートと付箋は相性抜群。組み合わせてもいいですが、ノート、付箋別々に使ってももちろん◎

Chapter 2

バレットジャーナルの作り方、始め方

08

使用するノートを決める

ノート選びのポイントは、自分がワクワクできるかどうか。
大事にしたいと思える、使っているだけで楽しくなるような
ときめくノートを選びましょう。

WHICH
DO YOU LIKE?

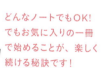

ときめくノートを選ぼう！

現時点の最高のノート!

●ジークエンス
紙は薄め、紙質はどちらかといえばさらさら、つるつるしてペンの進みがとても良いです。方眼も4㎜と小さめでこまごまとした表を書くのにもってこいです

去年はZequenz 360°ノートを愛用♥

耐久性に優れ独自の接着技術により、360°開きます

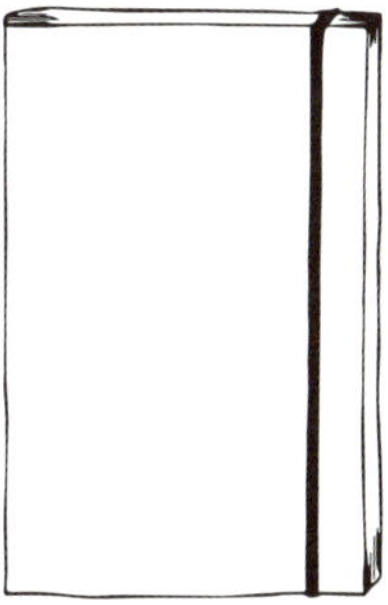

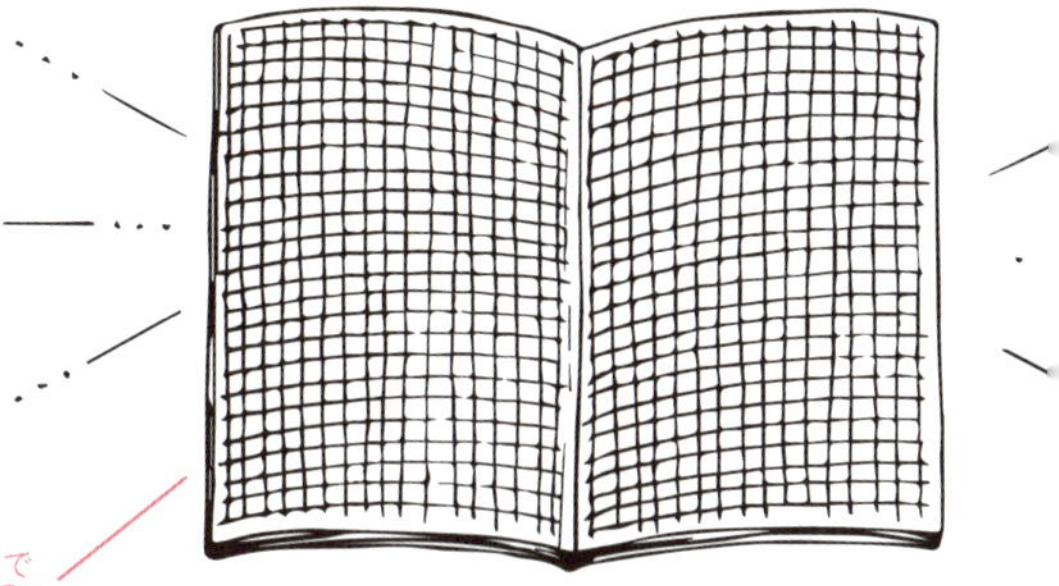

●モレスキン
ハードカバーで丈夫。5㎜方眼でクリーム色がかった用紙が特徴。紙質も薄すぎず厚すぎず、ペン選びを間違わなければ裏移りもありません

どんなノートでもOK!
でもお気に入りの一冊
で始めることが、楽しく
続ける秘訣です！

その他のノート

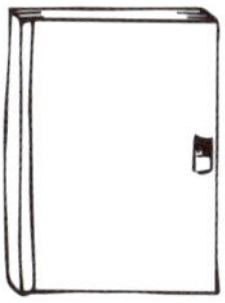

●MDノート方眼
MDノートも書きやすくてシンプルで大スキです。方眼が大きいのでバレットジャーナルに使うならA5サイズが良いかなと思います

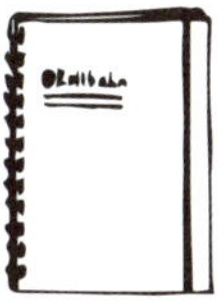

Rollbahn

●Rollbahn
安価でかわいくていろいろな種類があってとてもオススメです。リングノートなので、失敗したらそこだけ破けるという利点もあります

09

ノートに合ったペンを選ぶ

ペンは紙との相性がとっても大切です。
ノートが決まったら、いろいろ試して
しっくりくるものを見つけましょう。

THERE ARE
MANY KINDS.

ねこねこ的
3大
書きやすいペン

スタイルフィット 3色ホルダー（クリップ付）＋ゲルインクボールペン0.28㎜（リフィル）ブラウンブラック

uni Style-fit 0.28

ユニボール シグノ 超極細 0.28㎜（ブラウンブラック）

uni-ball Signo DX 0.28

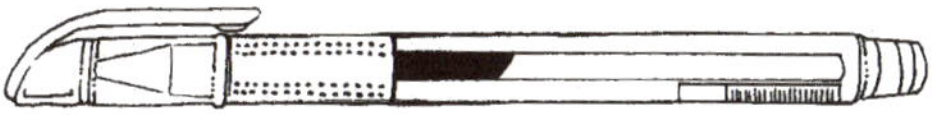

サラサクリップ0.3 ～1.0㎜までのボール径とインクは46色から選べる

ZEBRA SARASA CLIP 0.3

愛用のノート&ペン

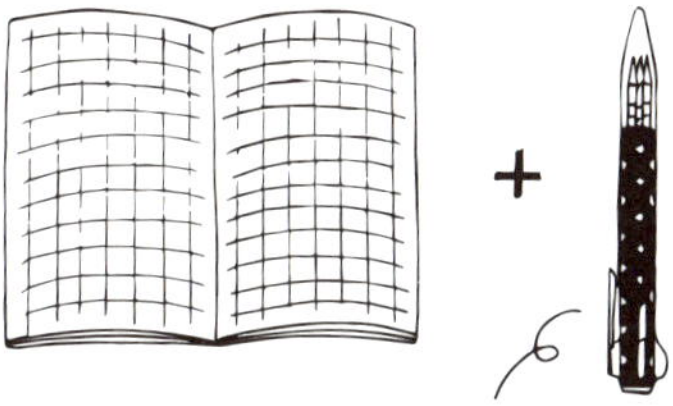

ちなみに色はブラウンブラック。3色ホルダーには3本ともブラウンブラックが入っています！

紙とペンの相性も大切。せっかく書いたものが裏移りしていたらショックなので、後ろの方のページで試し書きをして、良いペンを探します。私の場合、ジークエンス×Style-fitが最高の相棒です

10

表紙を書く。年間目標は模様化

目標やテーマをイラストの一部になるように描くと、シンプルながら見栄えのよい表紙（トビラ）になります。誰に見られてもいいように、模様化しましょう。目標は英語で！

What is the THEME?

【今年の目標】「素敵な1年になりますように……」
「2018…I HOPE IT WILL BE A BRILLIANT YEAR.HAPPY GO LUCKY.」

2018… I HOPE IT WILL BE A BRILLIANT YEAR …
HAPPY GO LUCKY ……
2018

日本語で目標を書いたりするとなかなか恥ずかしくて人前で開けなくなってしまうので、やっぱり英語がオススメ！

模様の描き方は186ページへ

Point

翻訳アプリを使っていますので文法が正しいのかどうかもわからないですが、かわいく描かれていることが大事です！

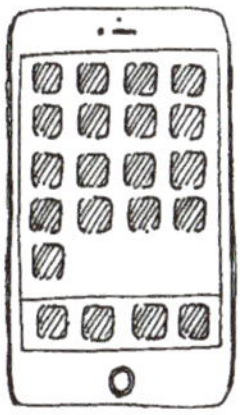

翻訳アプリは「weblio英語翻訳」を使っています。
一応Google翻訳でもやってみて精査しています…
が、正確かどうかすこし不安です

11

年間カレンダーはノートに手書きで

壁にかけるカレンダーをなくして、ノートに年間のカレンダーを作成。ノートの方眼マスを利用してレイアウトするとキレイに書けます。

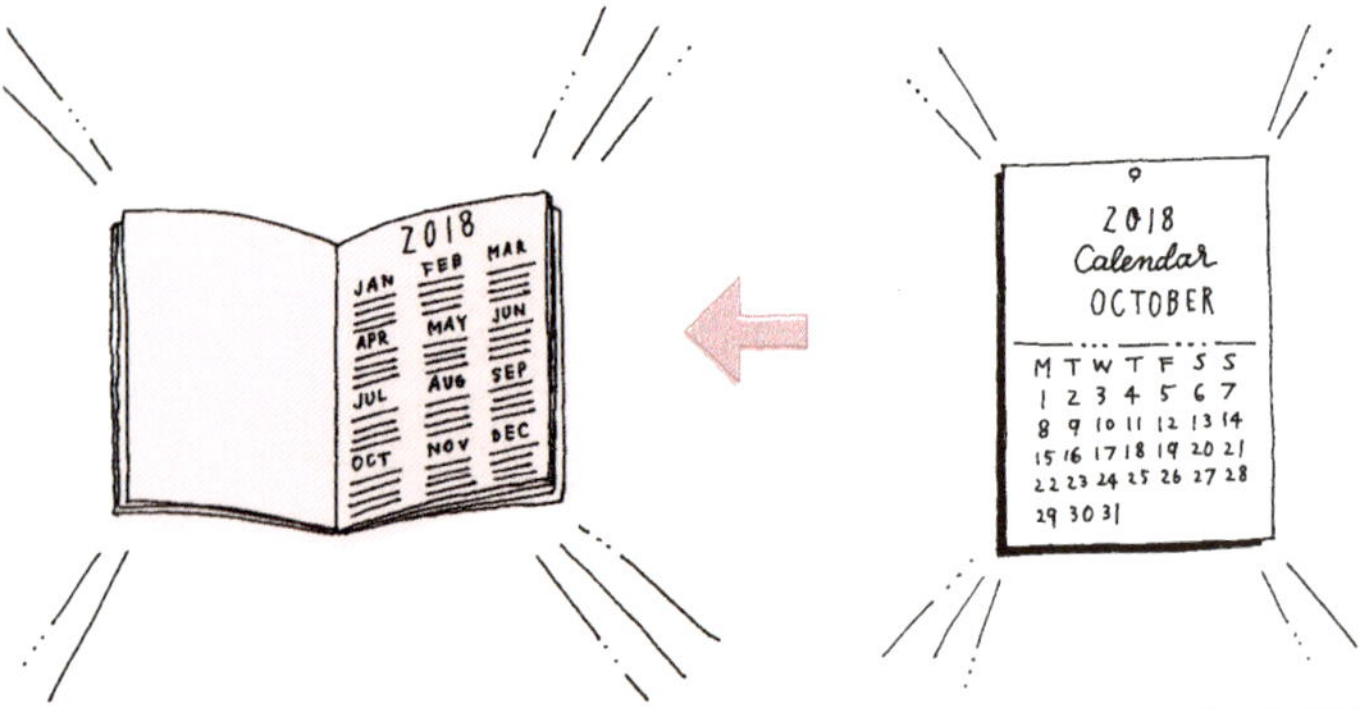

ノートの方眼を利用したレイアウトに！

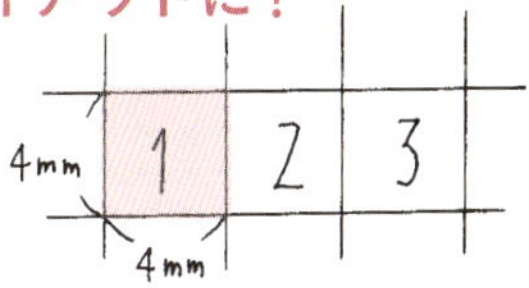

1マス1日、1マス1文字を基準に縦5～6コマ、横7コマでレイアウトしていく。ノートのサイズ（方眼マス数）によっては片ページ12ヶ月分入らないことも……そんなときは見開きページに12ヶ月でも全然OK

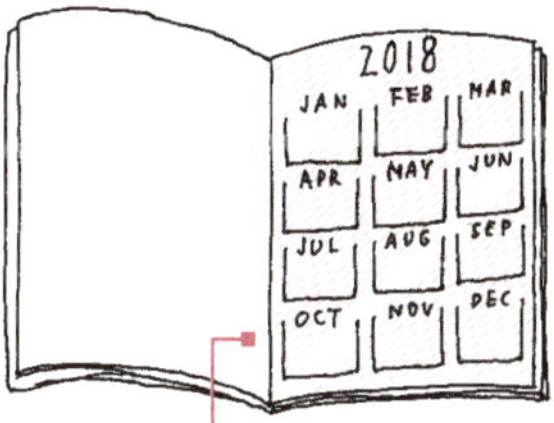

1ページ（片ページ）に12ヶ月分のカレンダーを月ごとに線で囲ったりしてもかわいい

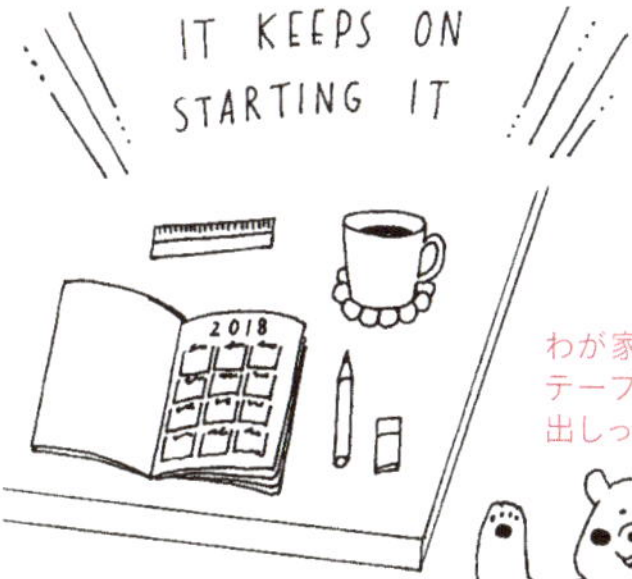

わが家はいつもテーブルに出しっ放し

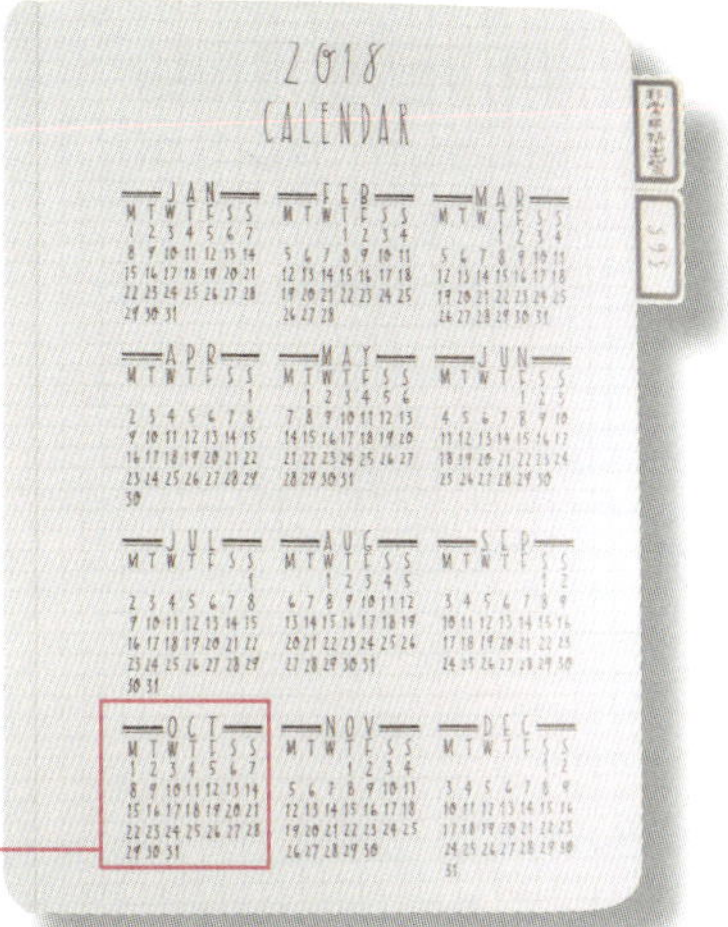

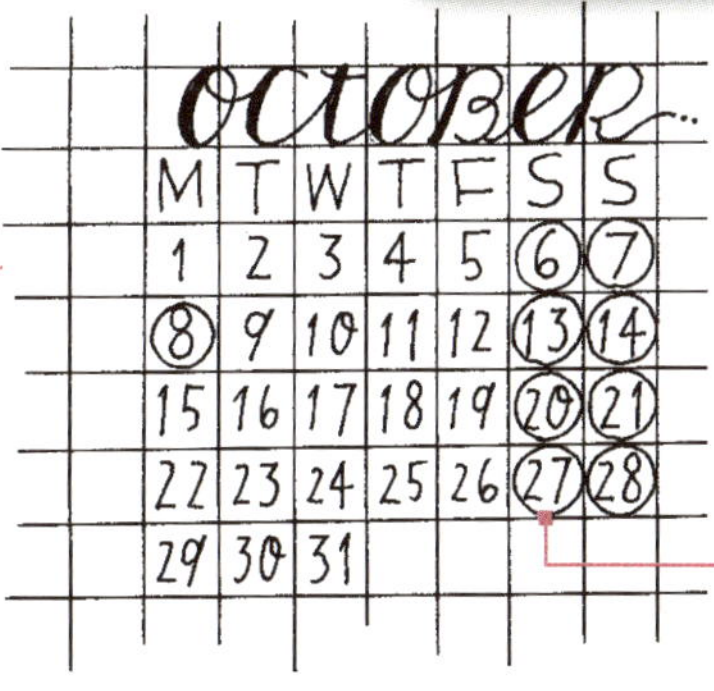

休みの日は、○や色を使っても◎

12

年間スケジュール表の作り方

フューチャーログとも呼ばれる年間スケジュール表は、将来の予定を書き留めるページ。未来ログともいわれ、目標・願望・夢や希望を書いてもいいのです。

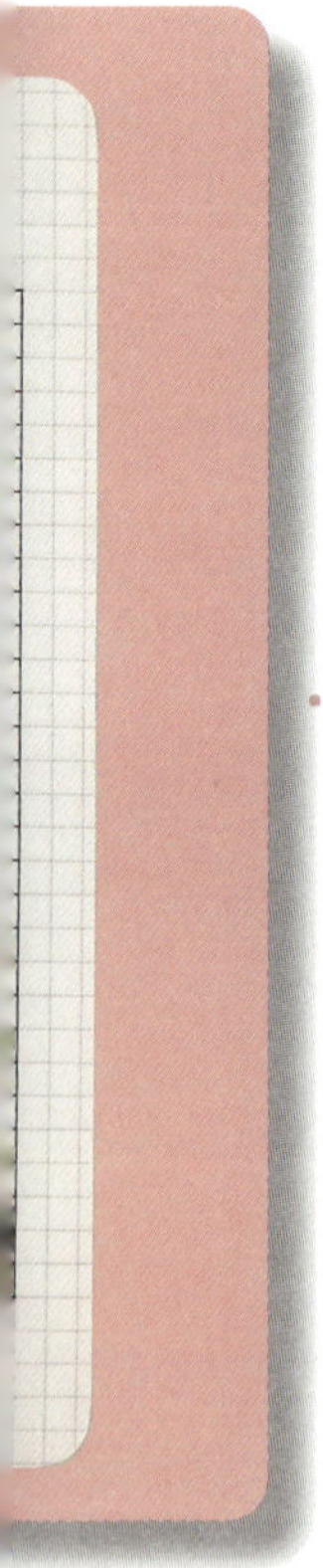

Point
重要な予定
だけでも
入れておく
FUTURE
PAGE

年間スケジュールページを作る

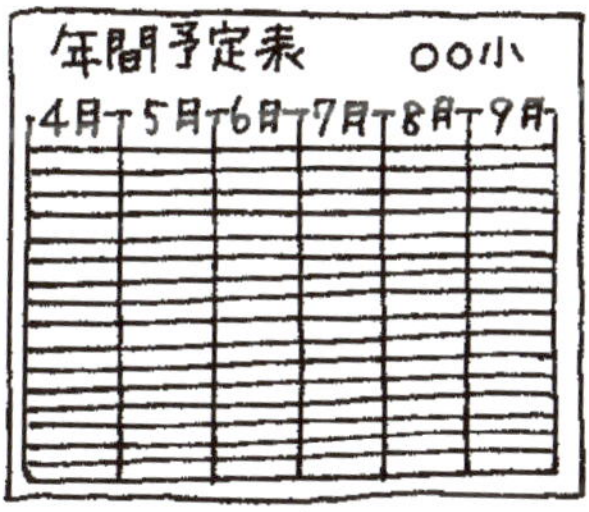

まずは小学校・幼稚園の年間予定表にあるイベントなどを記入！

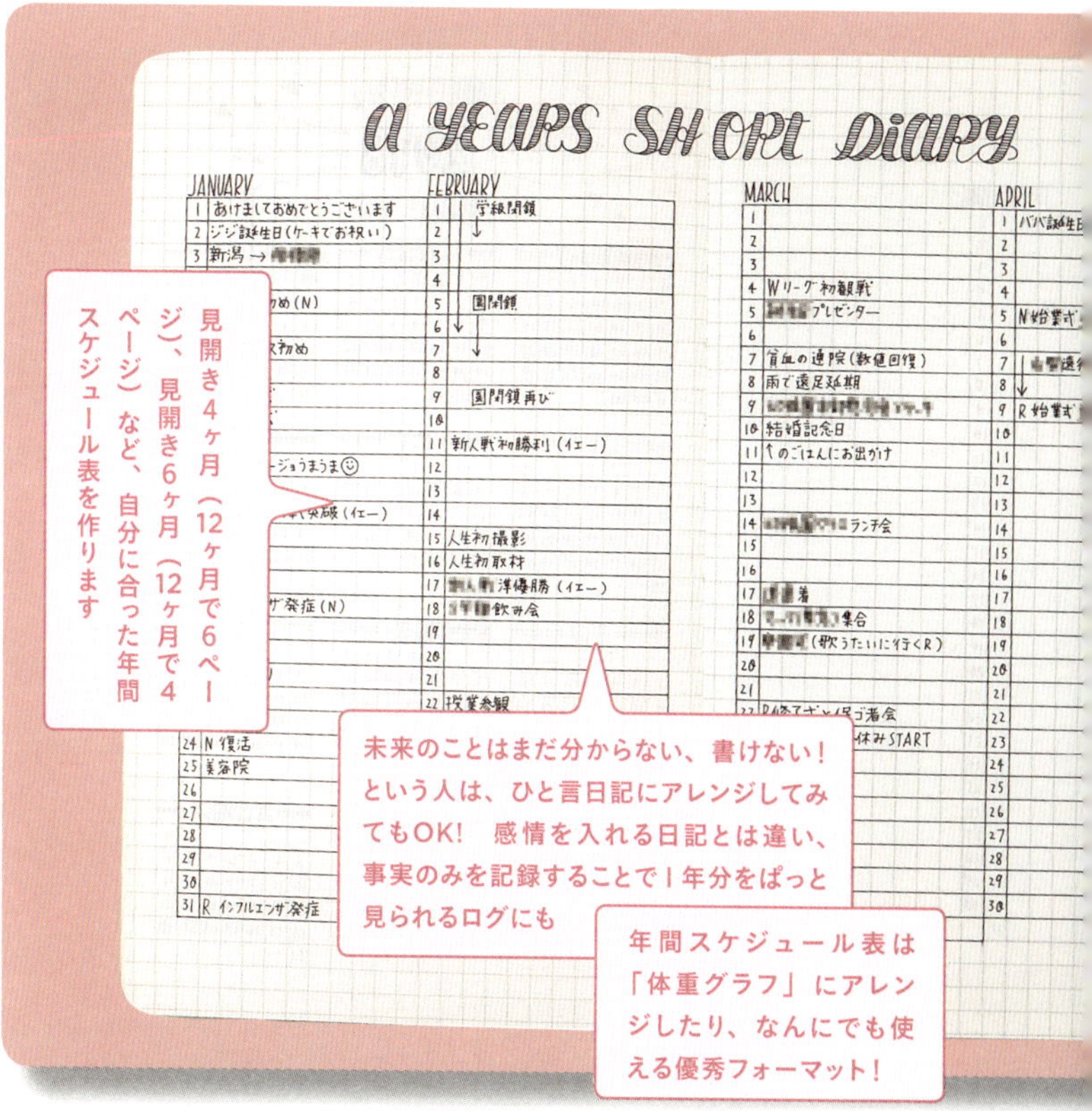

見開き4ヶ月（12ヶ月で6ページ）、見開き6ヶ月（12ヶ月で4ページ）など、自分に合った年間スケジュール表を作ります

未来のことはまだ分からない、書けない！という人は、ひと言日記にアレンジしてみてもOK！　感情を入れる日記とは違い、事実のみを記録することで1年分をぱっと見られるログにも

年間スケジュール表は「体重グラフ」にアレンジしたり、なんにでも使える優秀フォーマット！

13 年間スケジュールの使い方

年間スケジュールは、未来の予定を書くページ。あくまでも予定でOK。具体的なスケジュールが決まってきたら、月間・週間スケジュールページへ記入していきます。

①年間スケジュールを書き出す

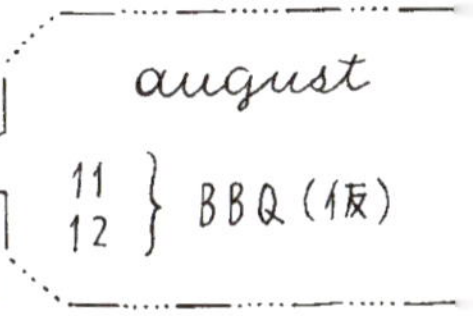

確定していない予定は、仮で年間スケジュールに入れておく

②月間スケジュールに書き写す

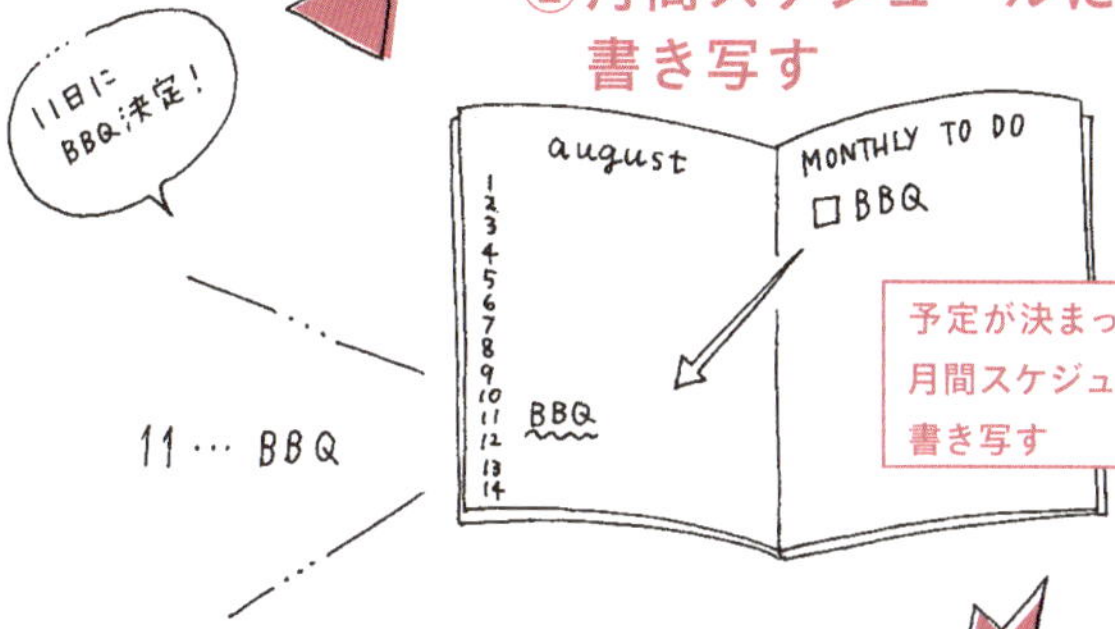

予定が決まったら、月間スケジュールに書き写す

③Weekly TODOに書き写す

予定が近づき、それに伴うするべきことが発生したら、Weekly TODOページで管理。細分化したタスクを実行していきます

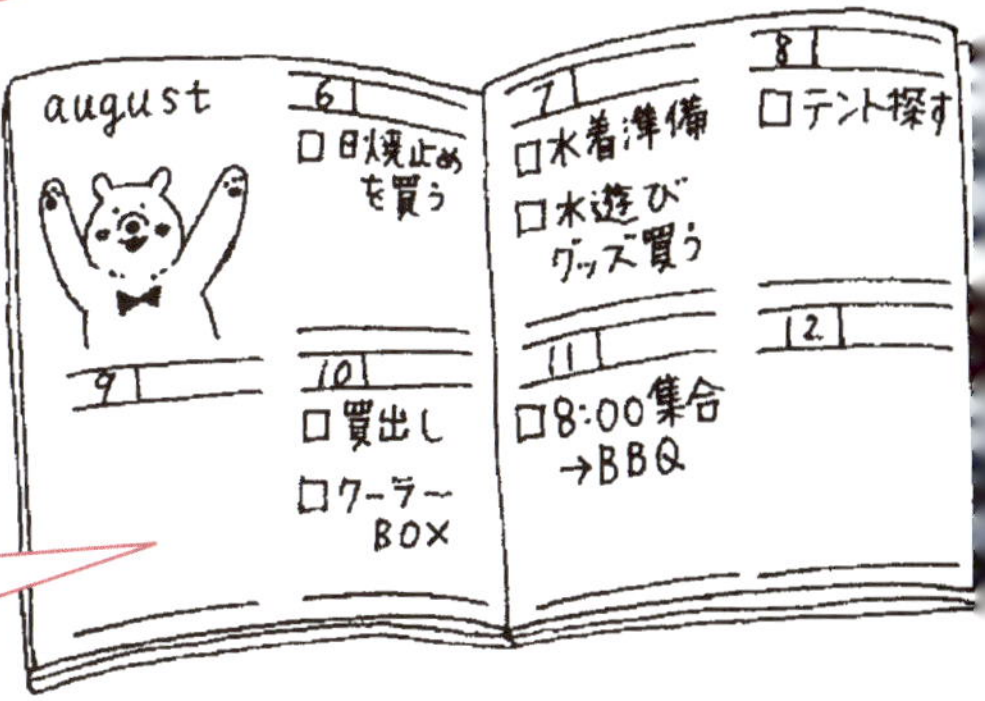

14

ウィッシュリストを作ってみる

わくわくする目標・願望を100個リストアップ！ 絞り出してみることで、本当にやりたいことが見えてくる?!

年のはじめや4半期・半年ごとなど、自分の書きたいタイミングでWISH（願望）を100個書き出す

宝くじ当たったら何する？と考えると出しやすいかも

可視化することで結構叶っていることに気がつきます！

2018年は半年で9/100個達成。達成したかが1年終わってみないと判断できないような目標だとあまり達成感を感じられないので、より具体的に書くのがベター

8月に作り直したウィッシュリスト。どんどんアップデートしていこう

100 WISH List

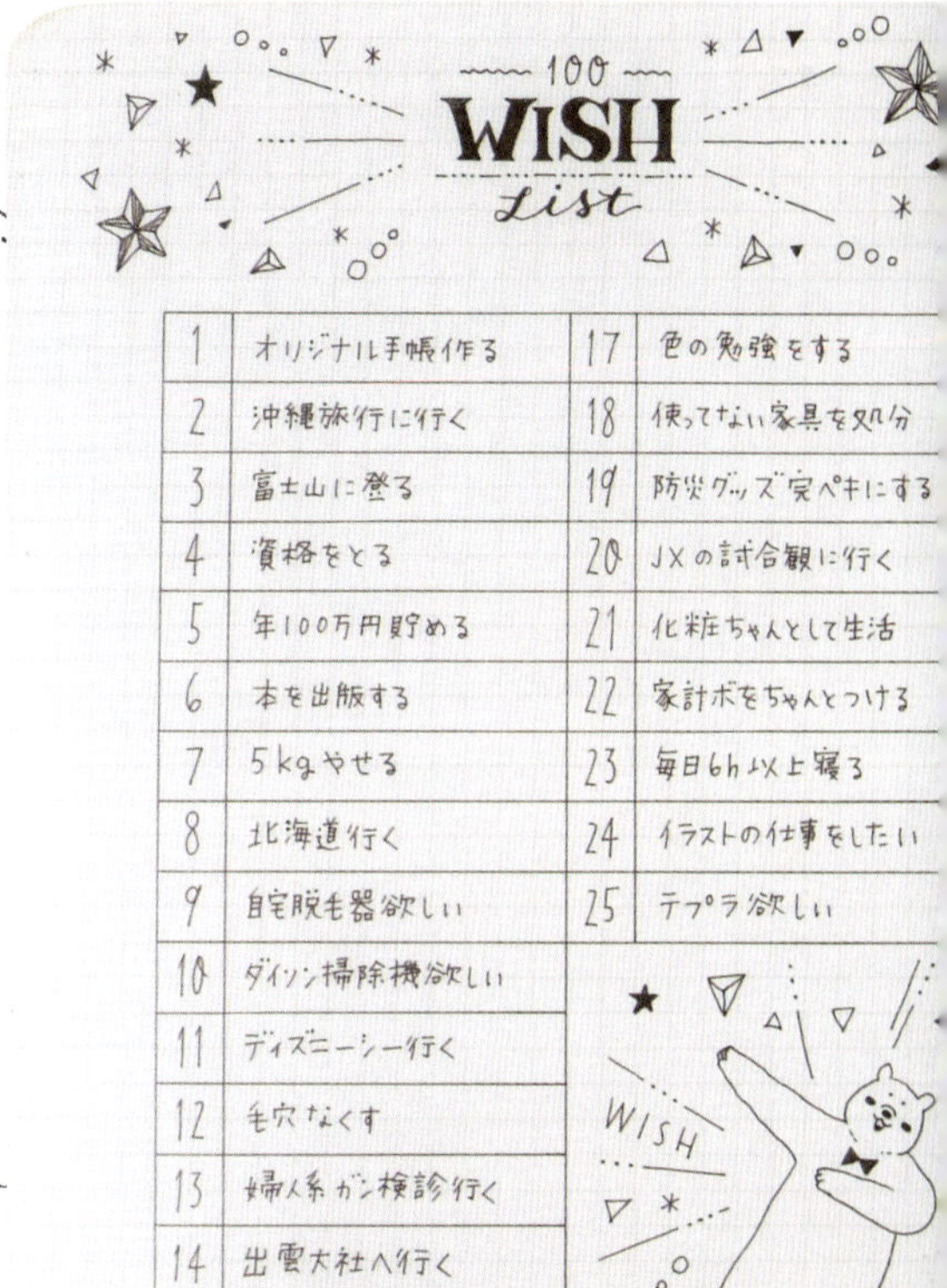

1	オリジナル手帳作る	17	色の勉強をする
2	沖縄旅行に行く	18	使ってない家具を処分
3	富士山に登る	19	防災グッズ完ぺきにする
4	資格をとる	20	JXの試合観に行く
5	年100万円貯める	21	化粧ちゃんとして生活
6	本を出版する	22	家計ボちゃんとつける
7	5kgやせる	23	毎日6h以上寝る
8	北海道行く	24	イラストの仕事をしたい
9	自宅脱毛器欲しい	25	テプラ欲しい
10	ダイソン掃除機欲しい		
11	ディズニーシー行く		
12	毛穴なくす		
13	婦人系ガン検診行く		
14	出雲大社へ行く		
15	伊勢神宮へ行く		
16	月イチ映画館		

15 月間予定表を作る

月間のスケジュールと月間のＴＯＤＯをまとめて管理するようにします。さらに、自分の予定と家族の予定をまとめて管理することで、うっかりミスが減少します。

左ページに月間スケジュール

右ページに月間TODO（その月内にやりたいこと）を書きます。具体的な日が決まったら、左ページのスケジュールに移動させる

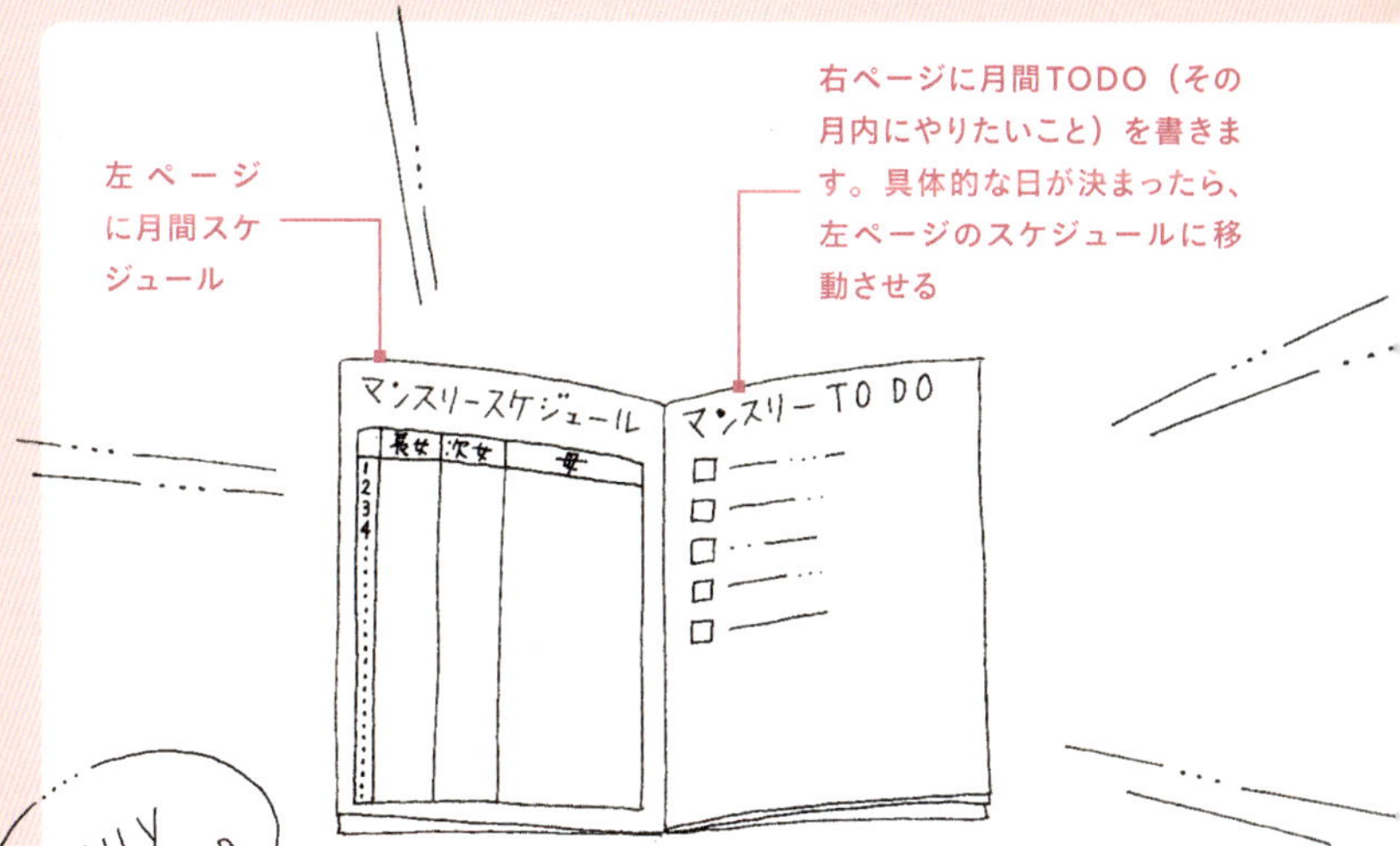

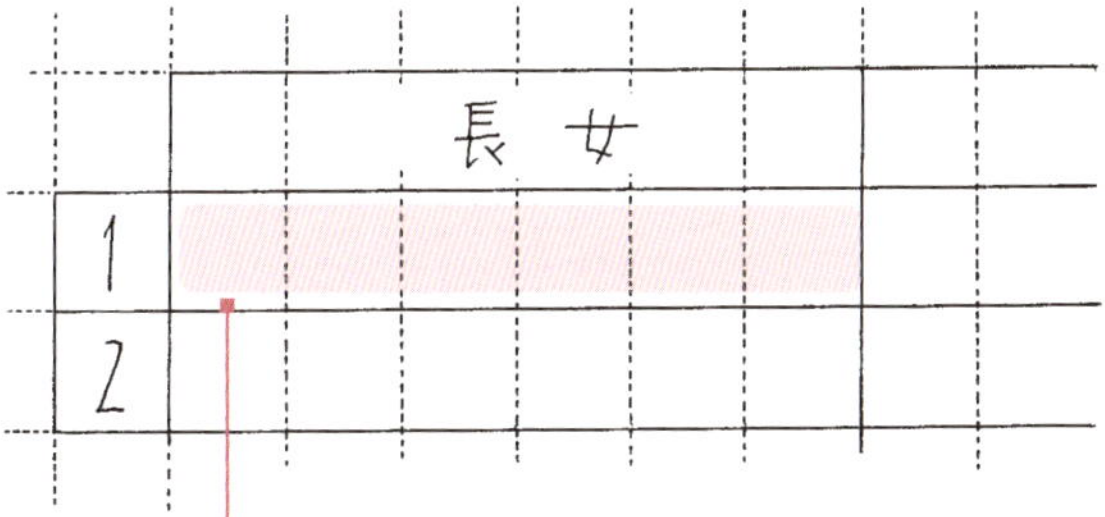

1人分の記入欄のサイズは1×6マス、自分の欄は大きめに1×11マス

16

月末にその月を振り返る

月末に、あるいはその月のどこかで振り返る時間を持つことが大事。翌月の予定表を作る前にその月を振り返り反省し、翌月に活かしましょう！

予定と実行を振り返り見直す時間を持つ

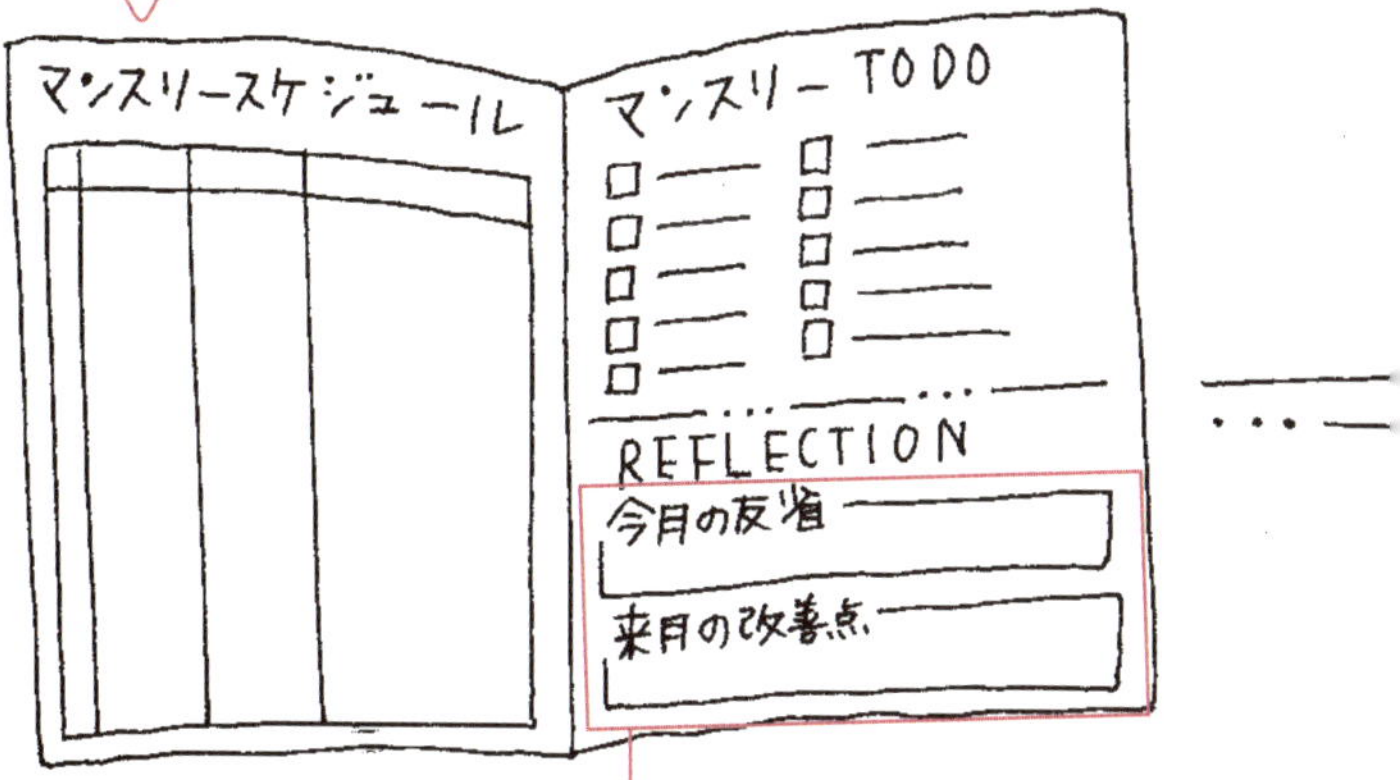

記入はマンスリーTODOの下に。「反省」「改善点」をいつも同じ所に記入することでページの無駄をなくし習慣化できるようになる

・その月の反省
・来月やりたいこと
・来月の目標……

Point

- 月の終わりにその月の反省をします
- トラッカーの達成率をみての反省やバレットジャーナル自体のフォーマットの改善点など、なんでも
- 反省をふまえて翌月のレイアウト、フォーマットをよりよく改善するタイミングになる

17

週間TODOページを作る

自身のライフスタイルに合わせたレイアウトでTODOページを作ることをオススメします。週が始まる前日までにフォーマットを作成しましょう。

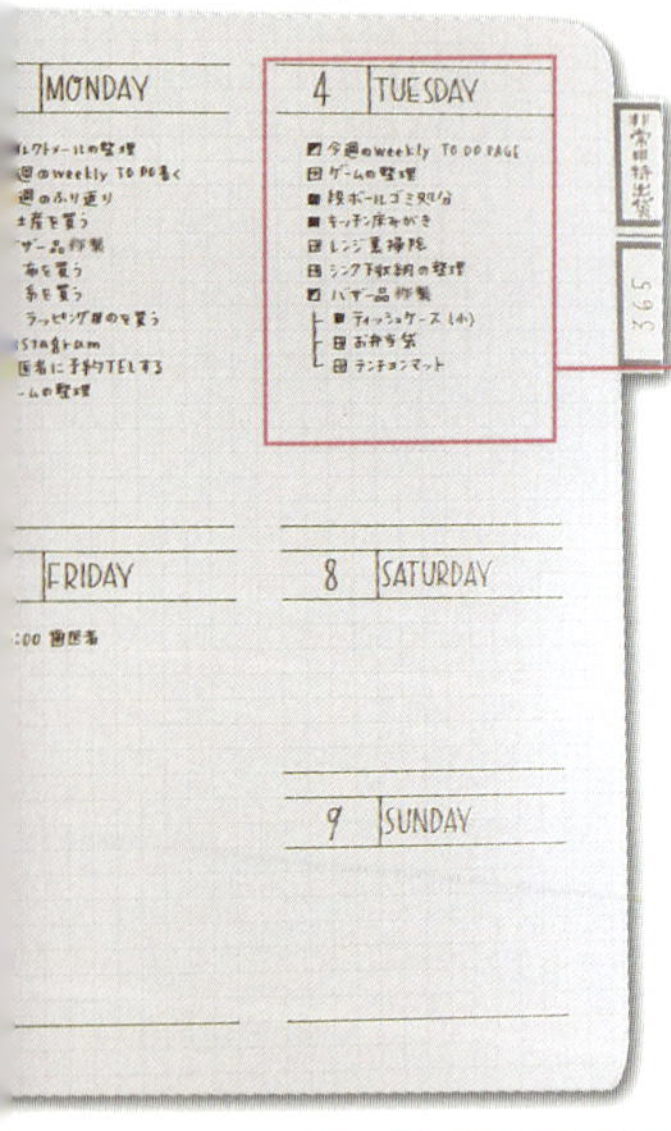

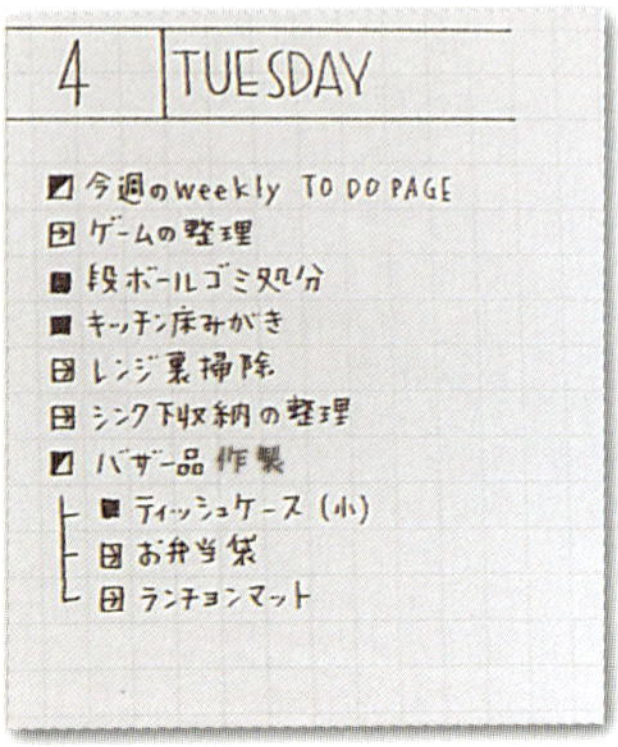

その日にやるべきタスクが一目瞭然。1日にこなすTODOが多い人は枠を作らないのも◎

バレットジャーナルのメインともいえる日々のTODO管理

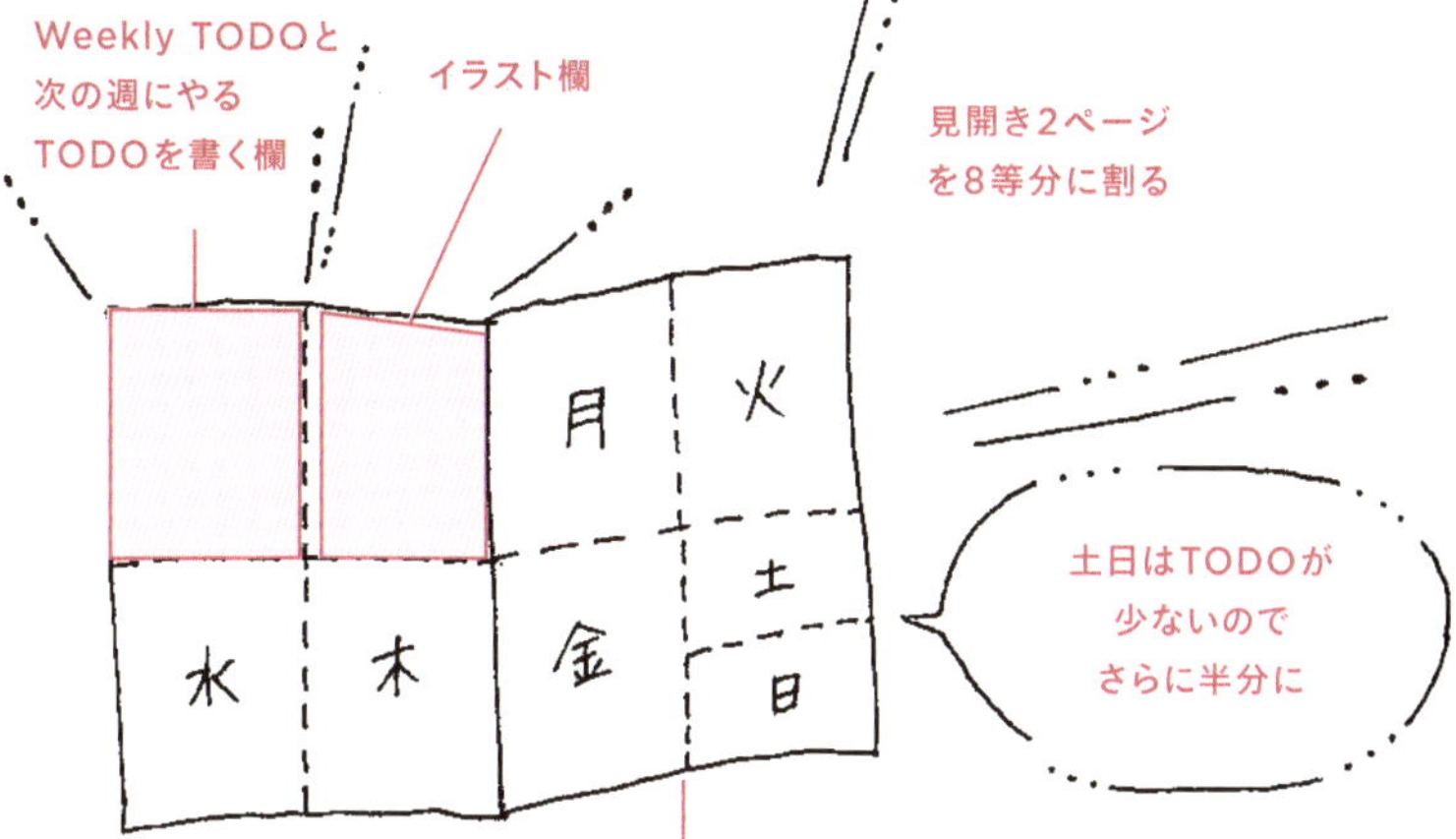

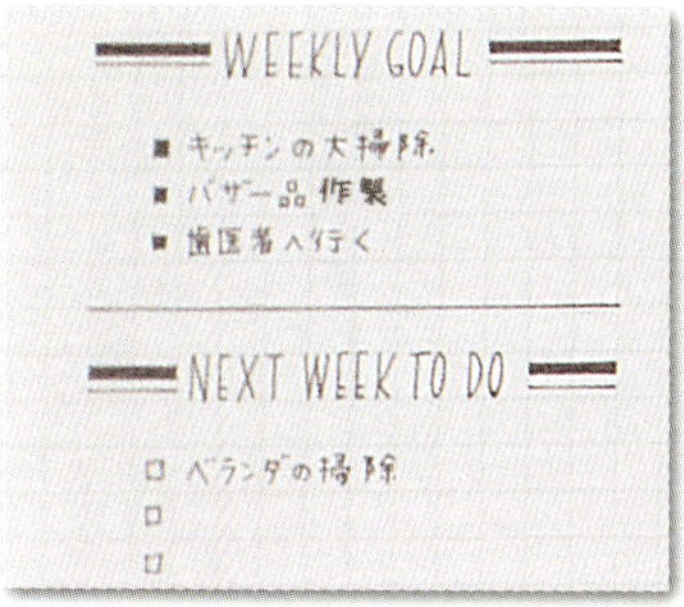

週間のタスク。その週、翌週にやりたいことが明確になる

1週間を見開きで管理することで、その日にやりたいことも明確に

18

TODOページを管理する

365

バレットジャーナルのメインともいえるTODO管理！ TODOメモを書き出し、日付別にノートに書き写すことから始めましょう。

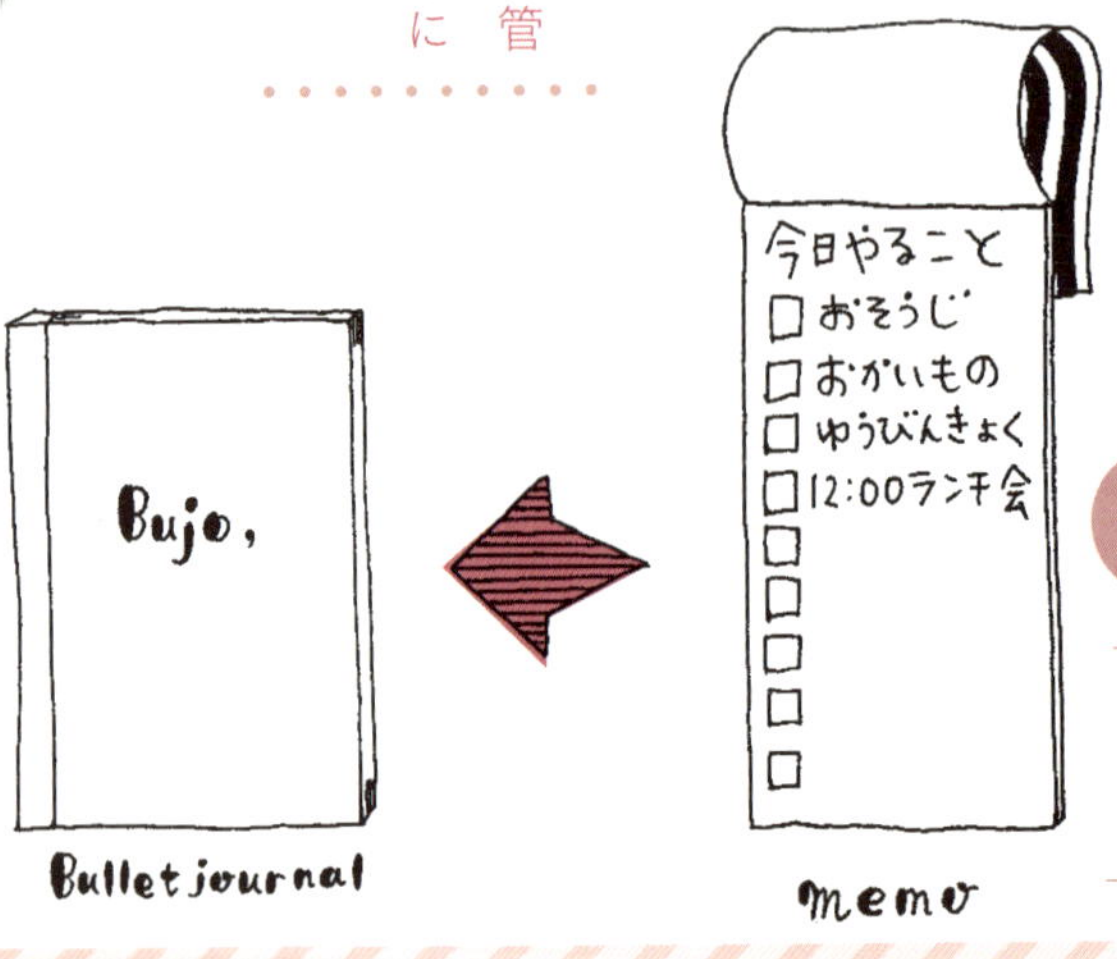
Bujo,
Bullet journal
今日やること
おそうじ
おかいもの
ゆうびんきょく
12:00ランチ会
memo

Point

TODOメモからバレットジャーナルに書き出すことで、さらに整理され効率よく管理できます

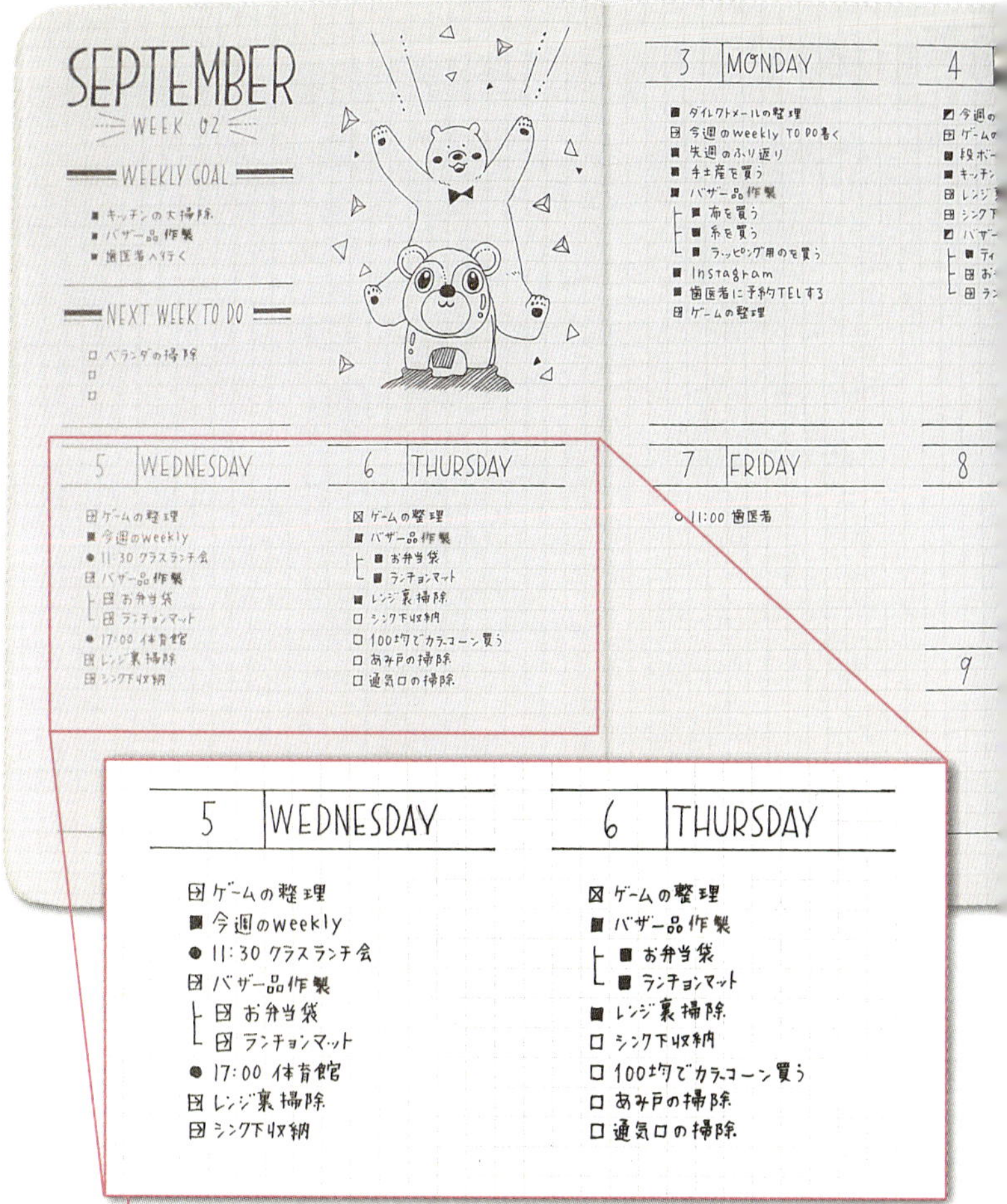

前日の夜に「明日やること」を書いたり、その日の朝に「今日やること」を書き出す。その他、「買うもの」を書いたり、とにかく忘れないように記録したいことをなんでも書き込みましょう

19

ページ構成はどんどん変えられます

自分のライフスタイルに合わせて各々ページを自由に構成・カスタマイズできるのが、バレットジャーナルの特長でもありますが、最初に全体のページ構成を考えておくことも重要です。

必要なページ数を予測する

バレットジャーナルは、ページを自由に構成できるというメリットがあります。書きたいことを思いついたときにすぐにフォーマット作りに入れるのはいいのですが、逆にいえば月ページの途中で急に全く関係の無いコレクションページを作りたくなったらどうするのか？ そんなときは……私はバレットジャーナルを作り始める最初の時点で10ページ白紙のページを残してから1月の月ページをスタートさせています。それでもすぐその白紙ページを使い切ってしまうので、そのときには、下の「やっぱり気になる」コースで、その月に使う分の余白ページを予測して残し、その後ろに書きます。コレクションページは後ろにまとめて作る人もいるようです。

月の途中で急にコレクションページを作りたくなったら……

Weeklyの途中だけど次ページにコレクションページをはさみましょう。インデックスで開きやすく工夫すれば大丈夫！

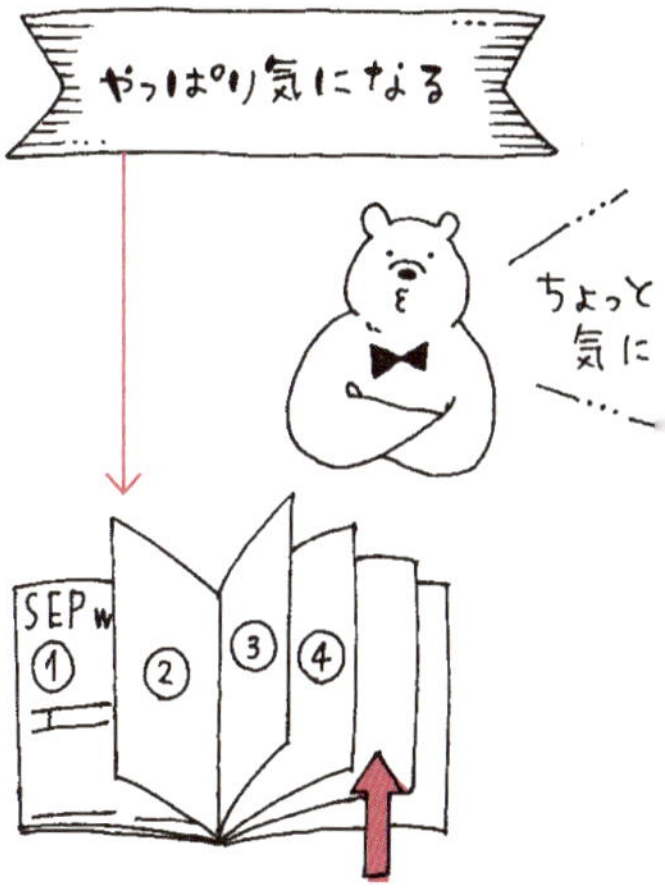

Weekly1週目に急にコレクションページを作りたくなったら。2〜4週目分を白紙であらかじめ残し、その次のページにコレクションページを書く（書く量を予測してあけておく）

20

その日の気分でレイアウトを変更

バレットジャーナルはその日の気分でレイアウト（フォーマット）を変更できる！　使いやすいレイアウトにたどりつくまでは、いろいろなかたちに挑戦してみましょう！

ENJOY ♡
BULLET JOURNAL

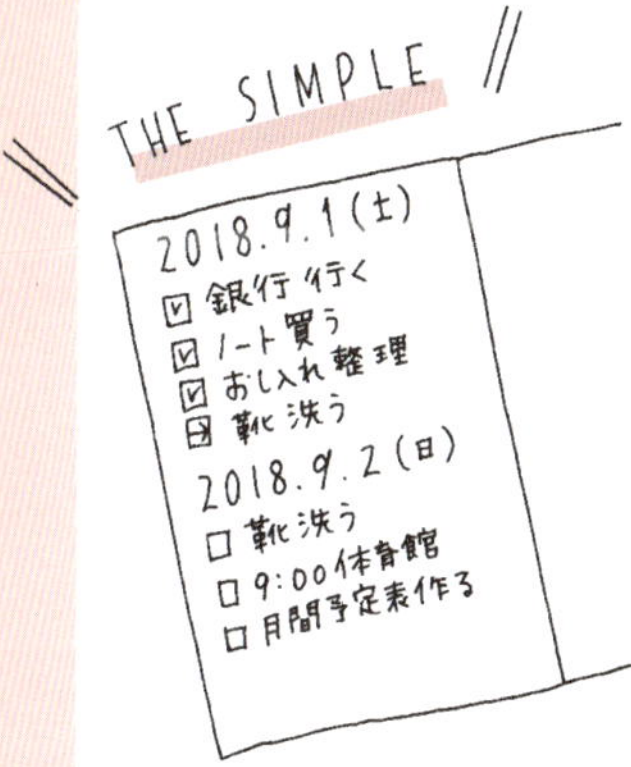
THE SIMPLE
2018.9.1(土)
銀行行く
ノート買う
おし入れ整理
靴洗う
2018.9.2(日)
靴洗う
9:00体育館
月間予定表作る

私自身、最初にTODOノートを始めたときは左のイラストのような日付とタスクだけのシンプルなものでした。それを段々と見返したときに嬉しくなるように、枠をつけたりイラストを描いて楽しむように変わっていったのです。

MAIN LAYOUT
SEPTEMBER
Weekly GOAL
NEXTWEEK
1
2
3
4
5
6
7

一番多く描いているレイアウトが前ページにも出てきた見開きを8等分にするもの。TODO欄が大きくとれるので思いっきり書けます

CUTE STYLE
SEPTEMBER
NEXT WEEK
WEEKLY GOAL
1
2
3
4
5
6
7
1~7

イラストをたくさん描きたいときはレイアウト自体をイラスト化してしまいます。描いていて楽しい、見返して楽しい。2度楽しめるWeekly TODOの出来上がりです

21

タスクをメインにした週間TODO

忙しいときはレイアウトに時間をかけないようにします。あらかじめ、線を引くだけの簡単なフォーマットをいくつか用意しておきましょう。

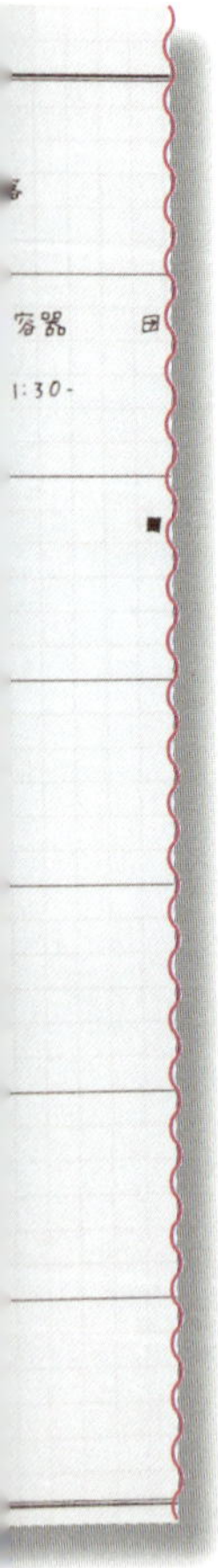

タスクをメインにした週間レイアウト

毎日タスクを書き出しチェックするだけ！「スピード」と「効率重視」のシンプルなフォーマット。忙しい人やシンプルにタスクを管理したい人にオススメな週間TODO！

may
WEEK-03
365
14
掃除機
床拭き
マット類洗たく
買物
Instagram
mail返信
お弁当抗菌シート
15
個人面談(R)
17:20小児科
アイデア出し
Instagram
抗菌シート
アンメルツヨコヨコ
16
DRUG STORE
アイデア出し
N服
DVD整理(試合)
机上そうじ
17
おみやげ
セリア
抗菌シート
キッチンそうじ
カウンター上
机上
皮フ科
18
手帳の会
あずかり保育
5アイデア
洗剤
アンメルツヨコヨコ
小児科TEL
19
VIDEO
7:20集合
おにぎり
200円
20
10
21
22
23
24
25
26
27

余裕があれば「文字」や「日付」をかわいくアレンジ

忙しく、週間イラストが描けないときは、無理をしないでタスクメインのシンプルなレイアウトに変更しましょう。見開き1週間を1ページ（片ページ）1週間にしたり、曜日は無視して、日にちメインのレイアウトにしてみたり

22

1日の記録をメインにした週間TODO

TODOと合わせて1日の行動も記録したいときはバーチカル型ウィークリーに！　とことんノートを書きたい人にオススメな週間TODOフォーマット。

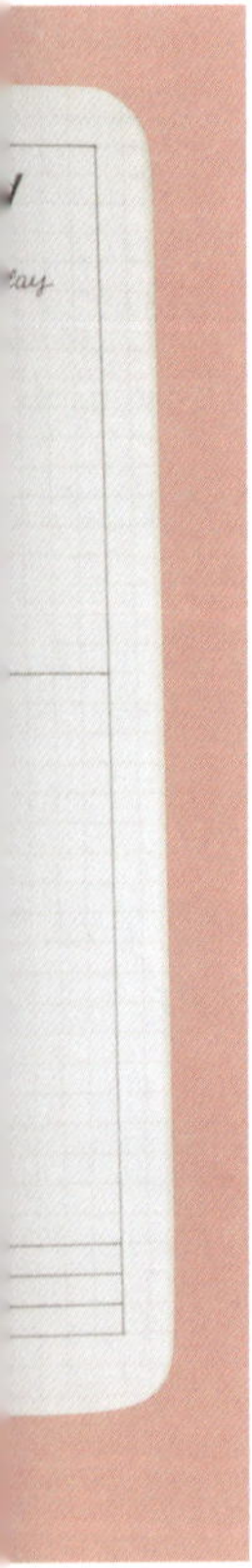

1日の記録を時間軸で管理したい人向け

TODOだけでなく1日のスケジュールを時間軸で管理したいときは、バーチカル型Weeklyに。時間軸はライフログにしても予定にしても使い方は自由

別にコレクションページを作るほどでもない事項（例えば2週間だけダイエットをしたいから体重記録を書くなど）の欄を、その週にすぐに作ることができる。気に入らなかったら翌週にやめたり臨機応変に対応が可能

23

レフト式タイプの週間TODO

やることが多い人、TODOをたくさん書きたい人は、右ページをフリースペースにしたレフト式タイプの週間レイアウトに。

ENJOY THE
FREEDOM
PAGE

右ページをフリースペースにしたレイアウト

右ページはフリースペースにして左ページに入りきらないタスクや日記やメモに使える

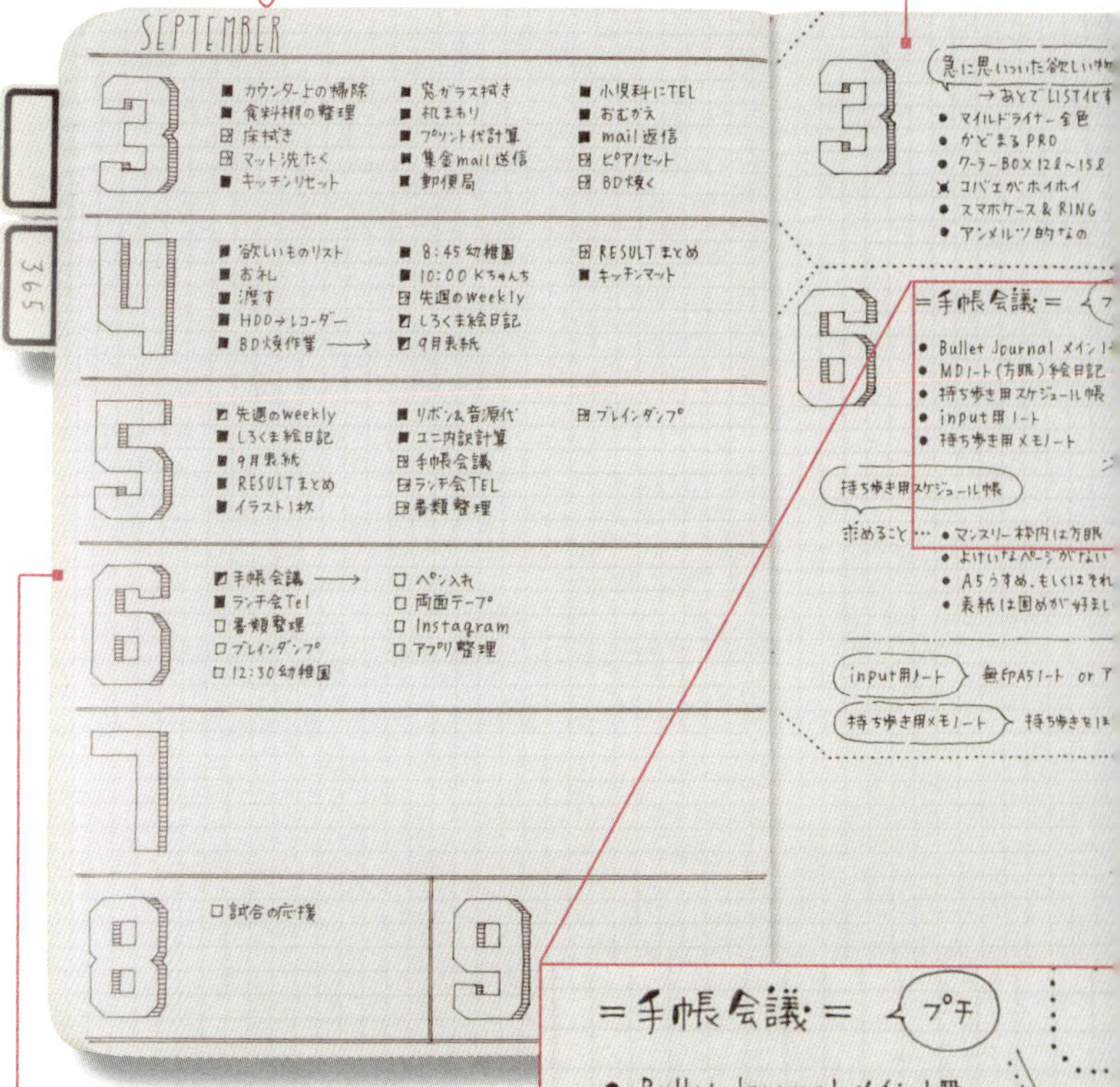

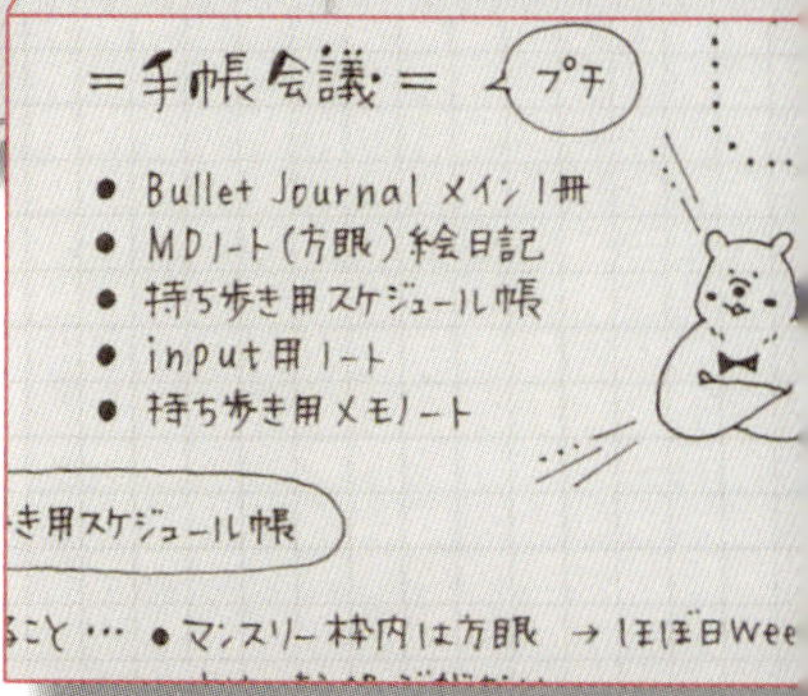

左ページは7分割にして、日々のTODOを

メモやTODOの数によってレイアウトを調整しながら組み立てていく作業も楽しい

記録することで何が いけないかがわかる

バレットジャーナルに書いてダメなことはありません。頭の中の情報、思いつき、なんでも全て書き出して整理することができます。

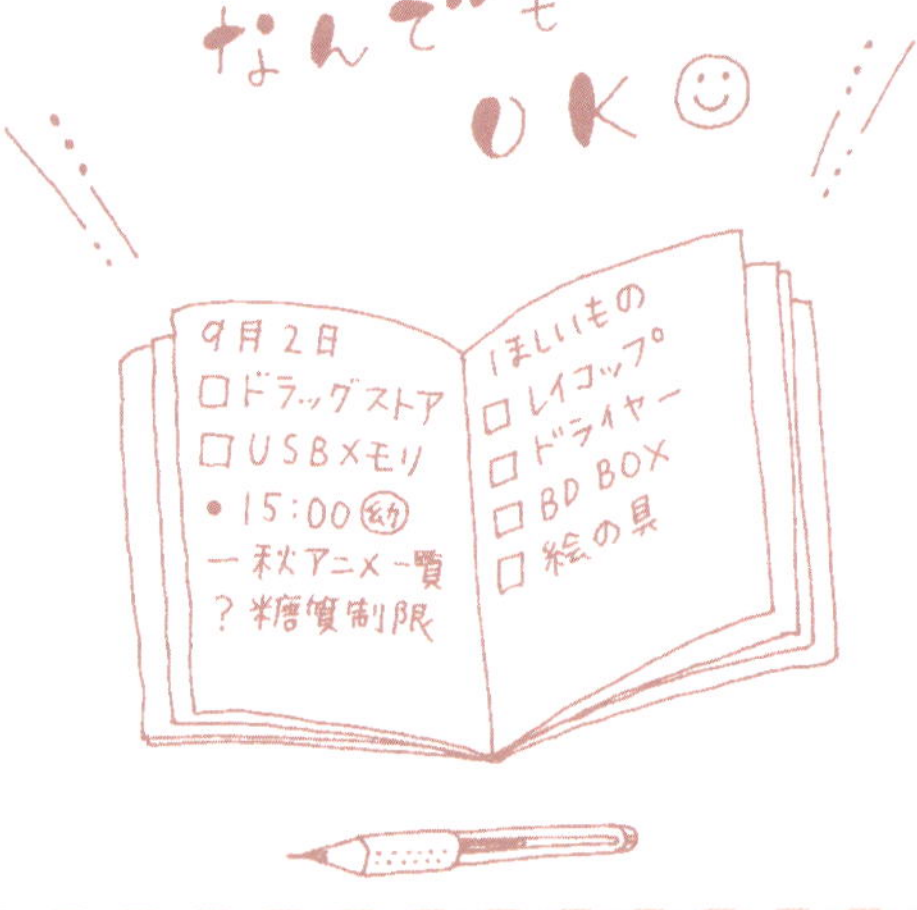

タスクが1日目、2日目、3日目、4日目…とスライドしていき実行されず残っていた場合……なぜ実行できないのか、そもそも必要なタスクだったのかを考えるタイミングとなります

6月13日 → 「キッチンの掃除」

6月14日 → 「キッチンの掃除」

6月15日 → 「キッチンの掃除」

6月17日 → 「キッチンの掃除」

→ は「明日以降にタスクを移行」のKey

そもそも必要のないタスク？

タスクの細分化が必要？

タスクの細分化

- □ キッチンの掃除
  - □ コンロ周り
  - □ シンク
  - □ 床拭き
  - □ 食器棚（上段）
  - □ 食器棚（下段）

やること、やらなくていいことが明確になり、それを頭の中から出して記録しておくことで思考もスッキリします

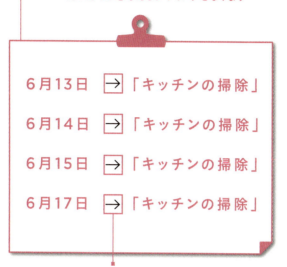

25 TODOはできるだけ細かく

TODOリストはできるだけ細かく作成することをオススメします。例えば普段のお掃除も、細分化した掃除リストを作って完了したところにチェック！ 毎日の家事に達成感を持たせ、モチベーションアップにもつながります。

- □ リビング
- □ トイレ
- □ お風呂
- □ キッチン

こういうチェックリストだと、お風呂とトイレはともかく、リビングやキッチンといった作業量の多い箇所の掃除はやり残しがあったときに達成感を感じにくい……

- □ キッチンの掃除
  - □ コンロ周り
  - □ シンク
  - □ 床拭き
  - □ 食器棚（上段）
  - □ 食器棚（下段）

- 5〜10分程度でこなせるタスクに細分化することで手をつけやすくなります
- やり残した箇所も明確に！
- きちんと掃除をしたところは消せるので、達成感があります

Point

1日で全てをやろう！

という気持ちではないときも、少しでも始めるとスイッチが入ることがありますよね。

そういう、少し腰が重いときのとっかかりには、5〜10分のタスクをたくさん作る方が良いです

ちなみに、洗濯物干しは10分以内、皿洗いは8分程度で私は完了します！　時間を計ってみると意外と早くできることって多いです。タイマー片手に作業してみては♡

26

やるべきことを ひと目で管理

箇条書きリストの各項目を記号で分類することにより、「進行中」なのか「完了」したのか、ひと目で進行状況が把握できとても便利です。これぞ、バレットジャーナルの醍醐味！

バレットジャーナルでは箇条書きの先頭に「Key」と呼ばれる記号を用いる。これを使うことによってそのタスクがどのような種類のタスクなのか、パッと見て明確に分かります

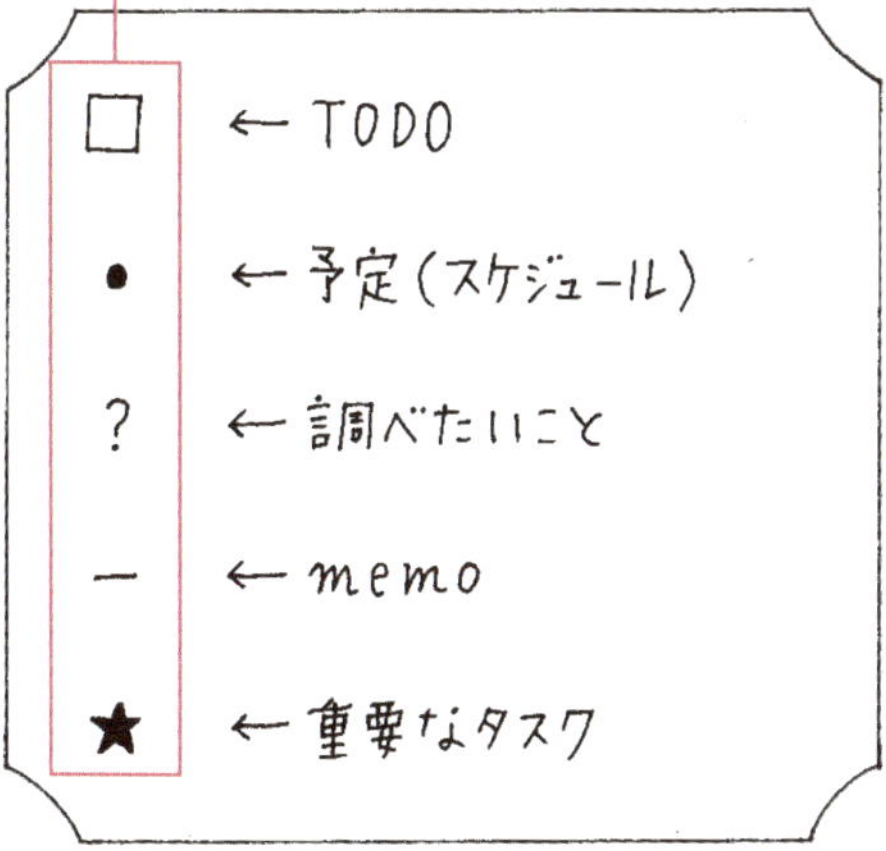

□ ← TODO
• ← 予定(スケジュール)
? ← 調べたいこと
ー ← memo
★ ← 重要なタスク

記号で
すぐ分かるよ

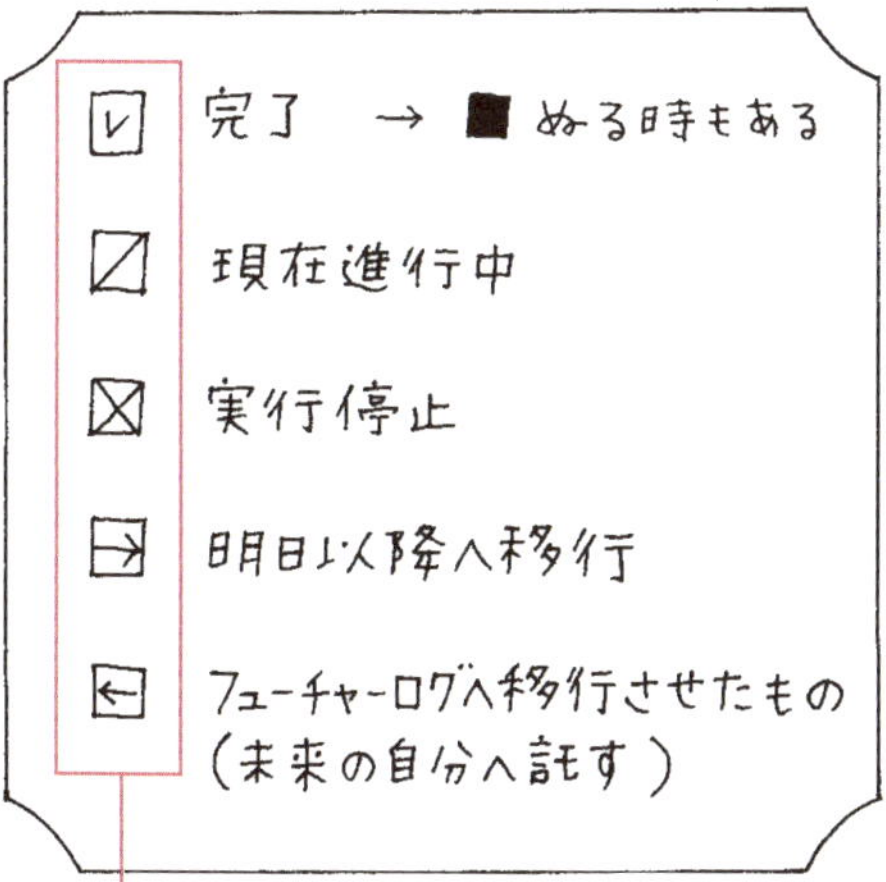

完了 → ■ ぬる時もある
現在進行中
実行停止
明日以降へ移行
フューチャーログへ移行させたもの(未来の自分へ託す)

気分で○に変えることもあるよ

TODOタスクも□の中のマークで進行状況がすぐに把握できます

27

オリジナルの記号を作る

家族の名前や独自の趣味、よく利用する事項はオリジナルの記号を作ると便利です。母親なので娘たちのスケジュールで動くことも多々あり、イニシャル記号は使用頻度が高いです。

「小学校」と書くのは長いので、子どものイニシャルを記号として使います

- 小学校 15:00 懇談会

「小学校」→「N」に置き換えたわずかな文字数の違いですが、イニシャルを用いるとひと目で長女の予定だということが分かります

- N 15:00 懇談会

【N】……長女　【R】……次女
【M】……ママ　【P】……パパ

わが家はアルファベット1文字を記号として用いています。スケジュールだけでなく、掃除、家事トラッカーでもよく使います！

その他　ねこねこ的記号

ミニバス関連
次女のピアノ関連
食事関連
お風呂マーク
掃除関連
手帳関連
Instagram

28

マンスリー絵日記は日付優先で左詰め

「日記を書いてみようと思っても続かない……」そんな方にオススメしたいのが絵日記です。その日に食べたものやそのとき目にしたものを描くことで、何気ない日常が絵として記録されて楽しいものになります。

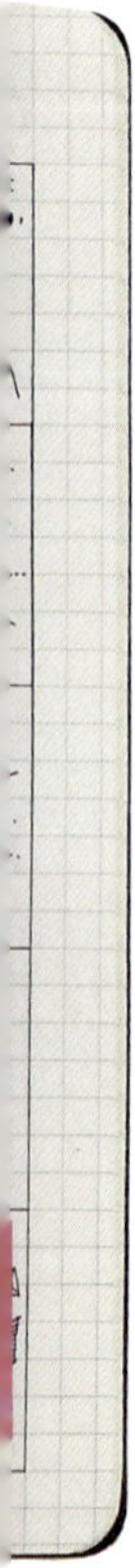

月曜・日曜始まり
関係なく日付優先で

縦5コマ×横6コマ=30日分で
ページがびっしり埋まって気持
ちがいい

31日の月は、30日と31日
を斜線で分けて描いている

29

道具はなるべくシンプルに

使用する道具をお気に入りのものにすることは大切です。もうひとつ大切なのはシンプルにすること。道具を決めておくと時間の無駄もなくなります。

ねこねこ使用文具

ノート…モレスキン
シャーペン…Pilot S-Series 0.5
ペン…Style-Fit 0.28（ブラウンブラック）
消しゴム…MONO
定規…RayMay
コンパス…draboy
修正液…Pentel

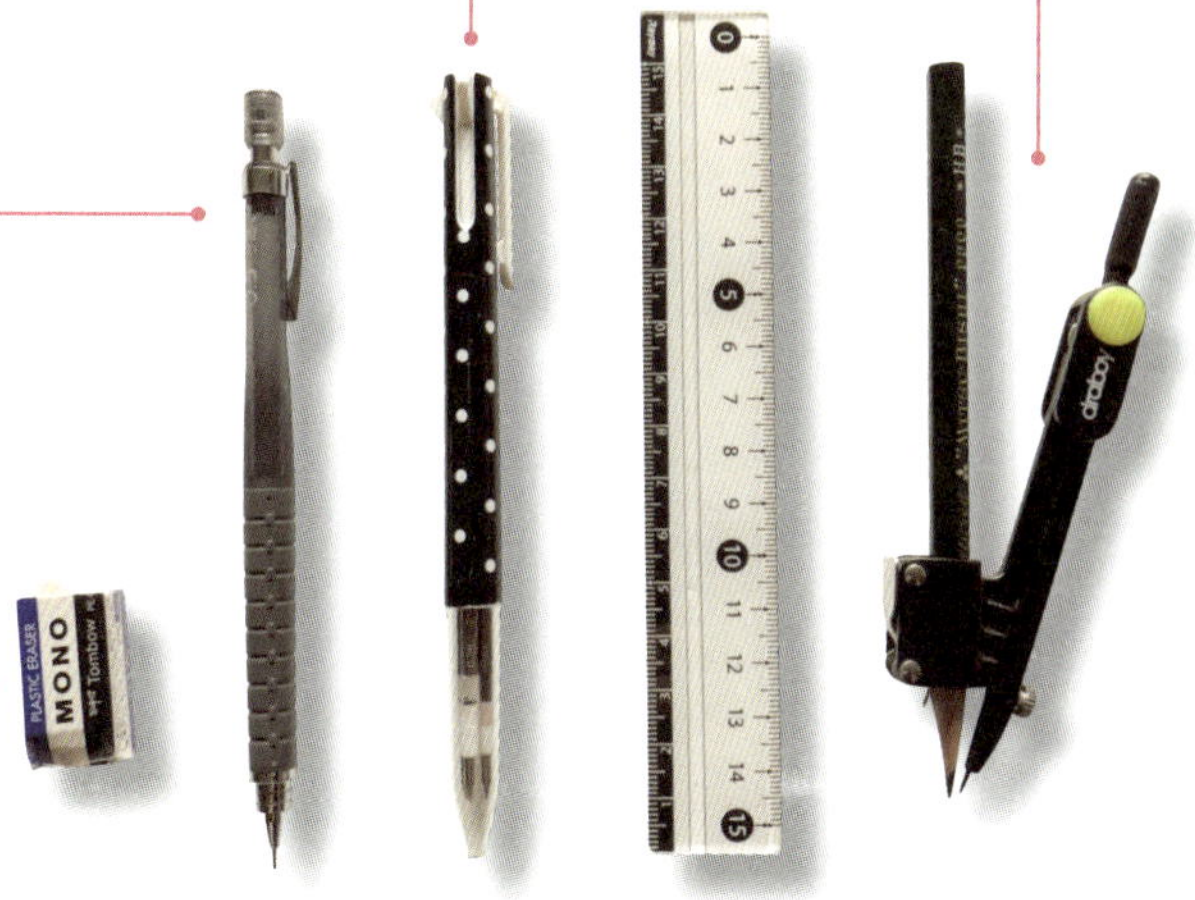

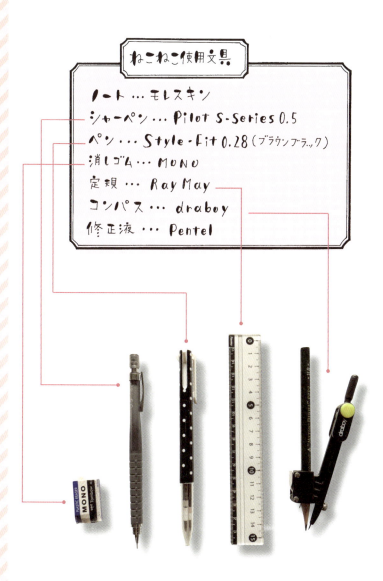

30

SNSに投稿して「いいね」をもらおう

「手帳友達がほしい」「私の使い方を見てほしい」「他の人のノートを見たい」……SNSに投稿することで、同じ趣味を持った人たちと交流することができます。

代表的なSNS

	匿名性
Instagram	高
Twitter	高
Pinterest	高
Facebook	低
LINE	低

手帳はプライベートなことをたくさん書いているので、「上手にかけたでしょ、見て見て♡」の気持ちがあっても、あまり気楽に友人に見せられません。そんなときは、SNSにUPしましょう！「いいね」をもらう＝ほめてもらっている気持ちになり、私はモチベーションが上がります！

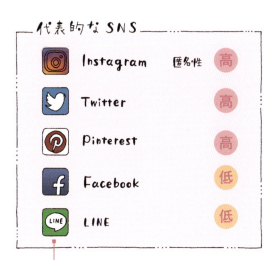

31

月の表紙を作る

①月ごとにテーマを入れる

月ごとの予定を書き始める前に表紙を描いてページのすみ分けを！　月ごとに表紙を作ることでその月が検索しやすく、見返しやすくなるというメリットも。

JAN
ハイ
ここから
1月のページ
始まるよー

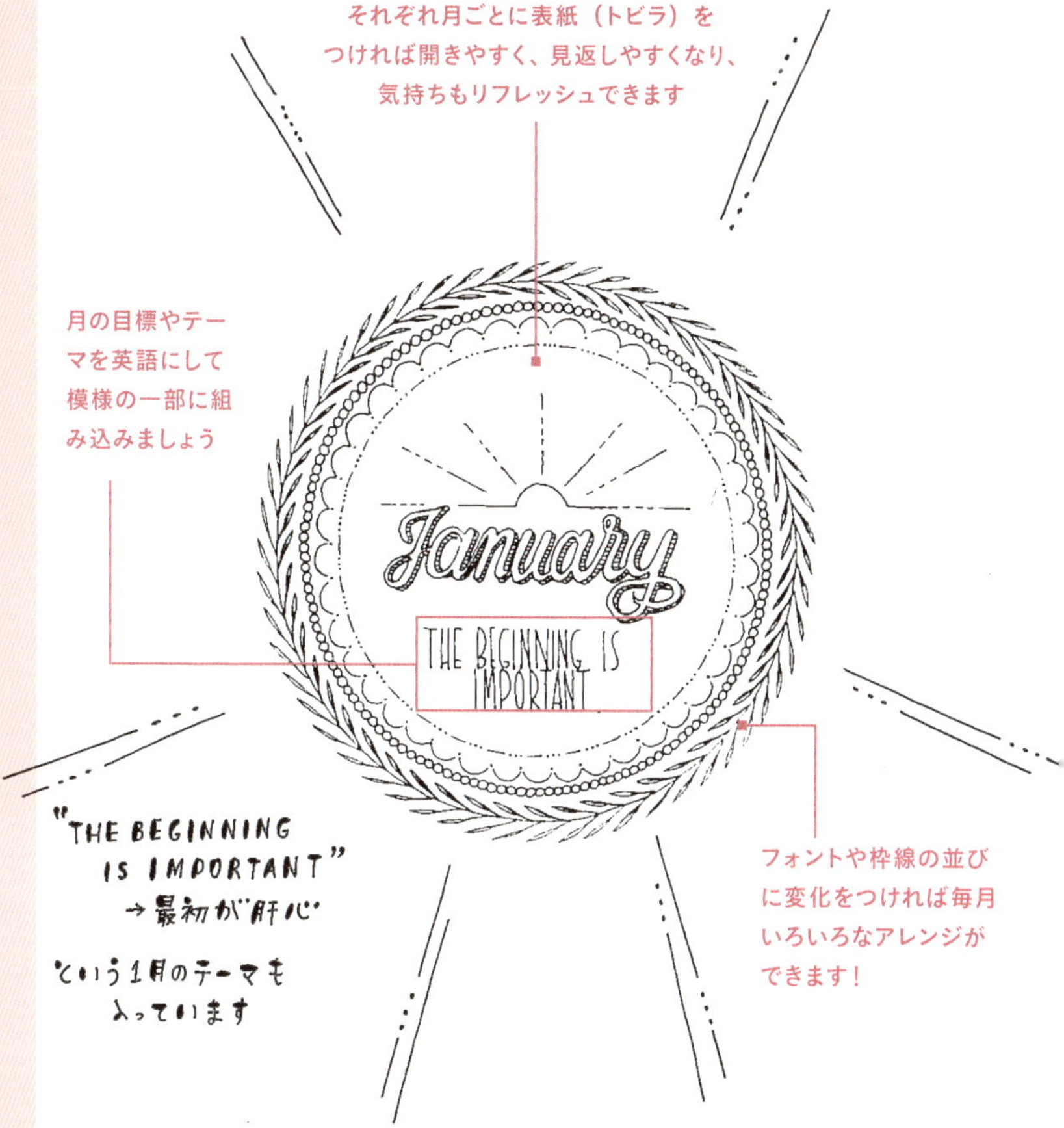
それぞれ月ごとに表紙（トビラ）を
つければ開きやすく、見返しやすくなり、
気持ちもリフレッシュできます
月の目標やテーマを英語にして模様の一部に組み込みましょう
January
THE BEGINNING IS IMPORTANT
"THE BEGINNING IS IMPORTANT"
→最初が肝心
という1月のテーマも入っています
フォントや枠線の並びに変化をつければ毎月いろいろなアレンジができます！

月の目標は英語でデザインする

その月の目標を「貯金！」などと日本語で書いてしまうとちょっと人に見られたくないのですが、英語にすることで、人に見せてもよいスタイリッシュなトビラページになります。月ごとにイラストやデザインを変えることで気持ちのリフレッシュにも繋がります。今回、1月のテーマ「最初が肝心」は英語にしてデザインに組み込んでいます。

32

月の表紙を作る

②正円を使って

ノートの中心に円を描きます。そして、その円の模様の中にその月を英語で書くだけでも簡単、かわいい表紙（トビラ）ページに！

①ページの中心を探す

長めの定規を当てて、中心を探します。鉛筆でうすく目印を付けます。その目印から一番近い方眼の重なりを中心とします。後で文字を入れるときに線をたよりに書くので方眼は大事です

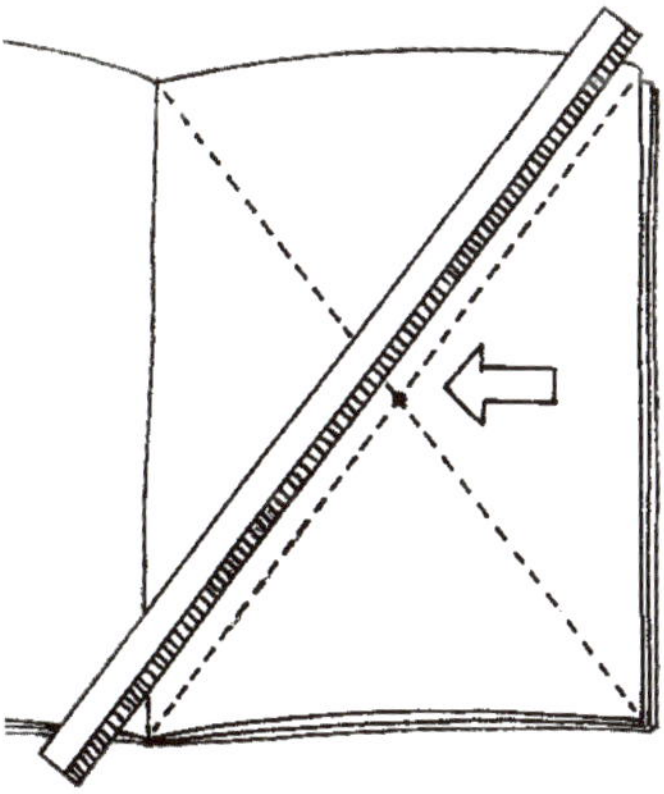

②正円を描く

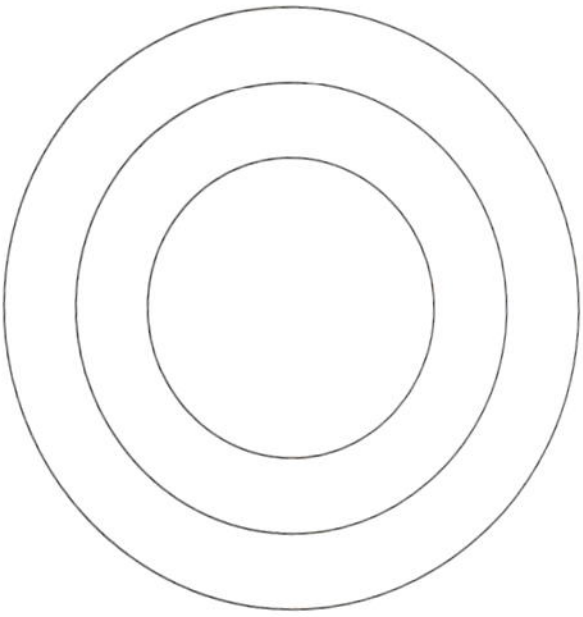

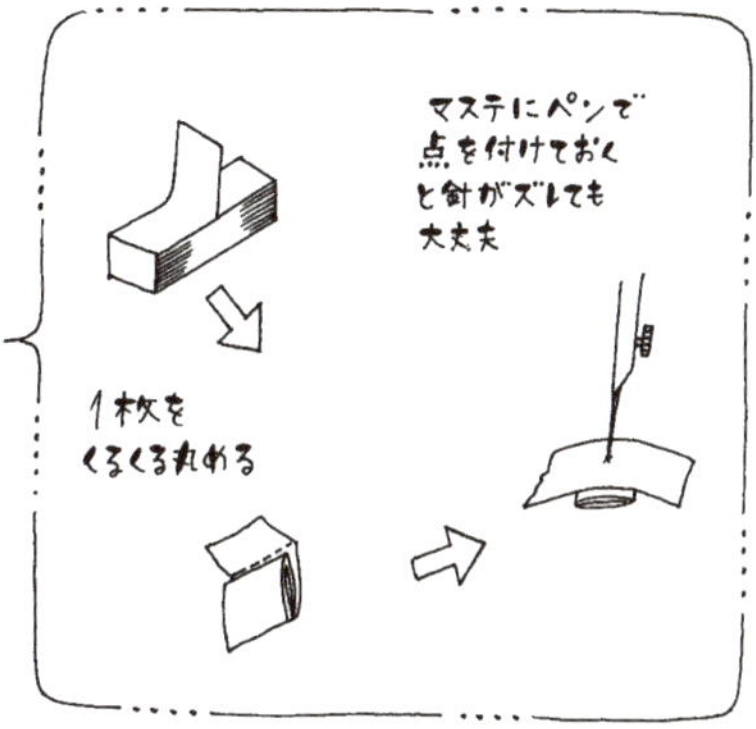

マステにペンで点を付けておくと針がズレても大丈夫
1枚をくるくる丸める

コンパスの針でノートに穴をあけたくなかったら、付箋を小さく丸めてマステでノートにペタリ

③月のテーマ（目標）を考える

8月のテーマは「笑う」と「感謝」→「A SMILE AND THANKS」をどこかに入れる

AUGUST
A SMILE AND THANKS.

33

月の表紙を作る
③罫や模様の描き方

難しそうに見えるけれど、意外と単純作業で集中できます。描き終われば、達成感が得られること間違いなし！

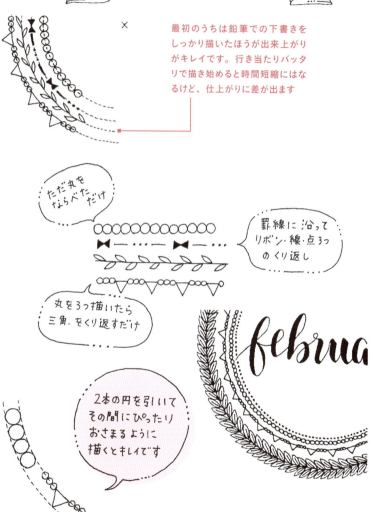

模様の描き方
〜点や罫を利用して描く〜

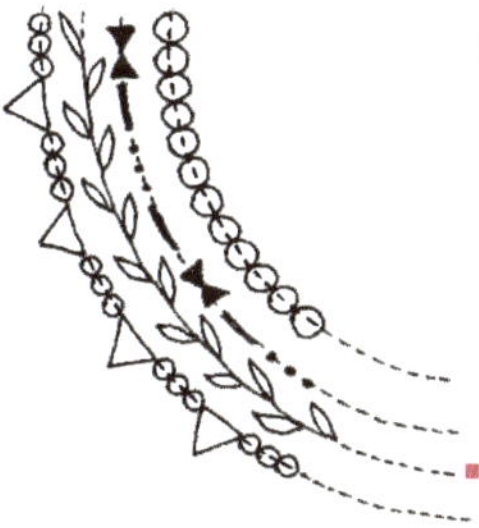

最初のうちは鉛筆での下書きをしっかり描いたほうが出来上がりがキレイです。行き当たりバッタリで描き始めると時間短縮にはなるけど、仕上がりに差が出ます

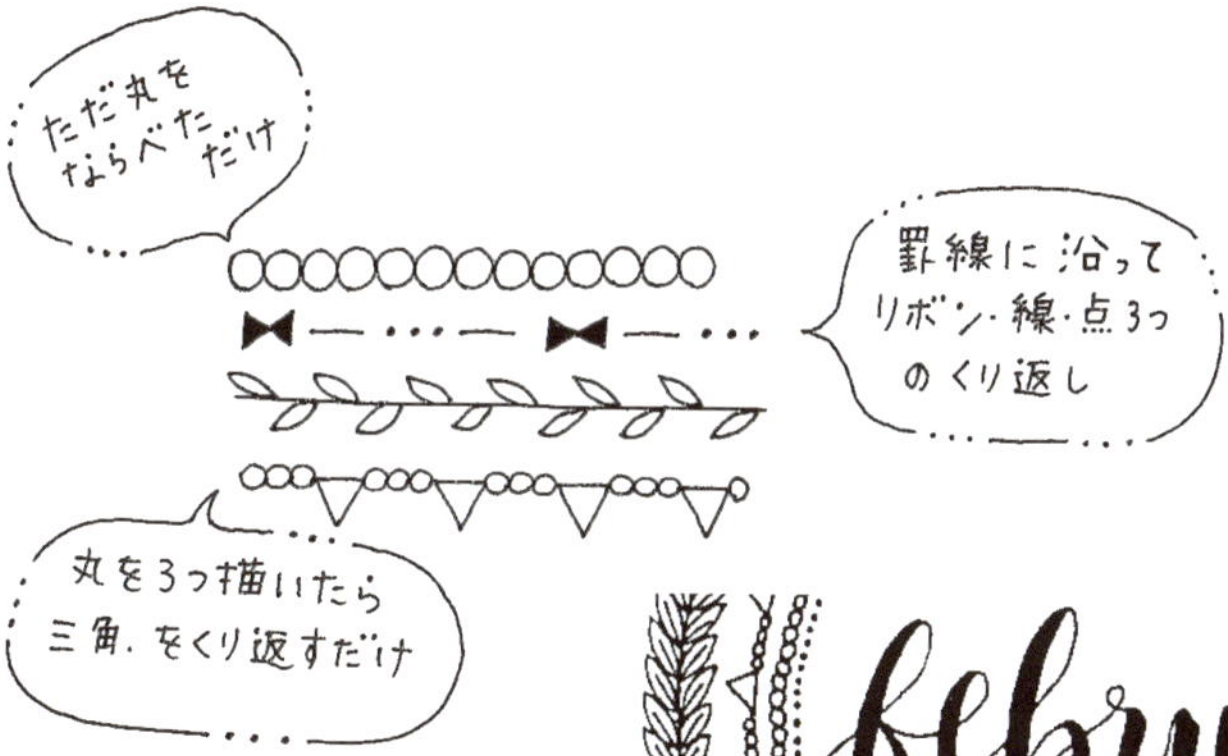
ただ丸を
ならべた
だけ
罫線に沿って
リボン・線・点3つ
のくり返し
丸を3つ描いたら
三角.をくり返すだけ

februa

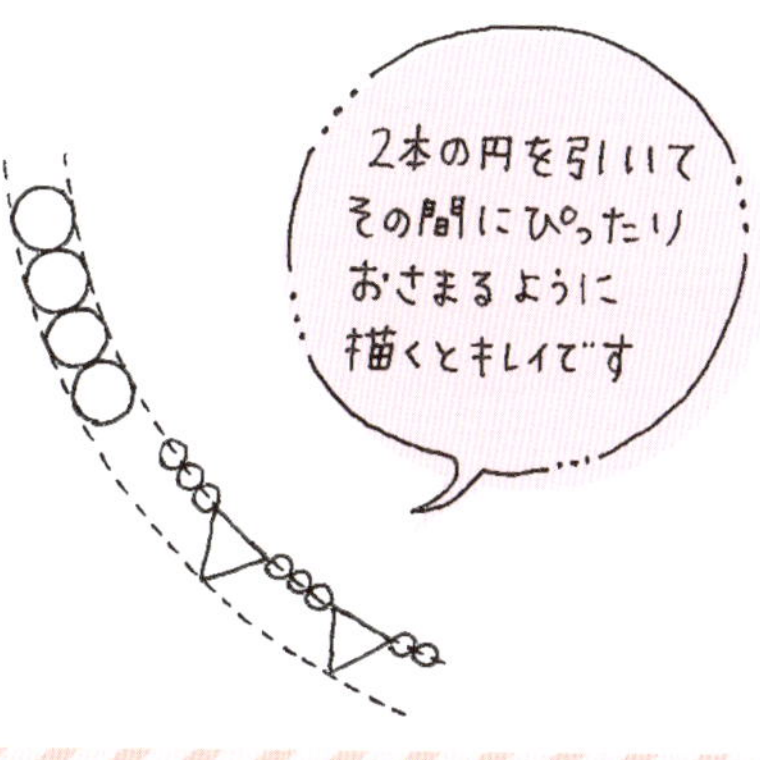
2本の円を引いて
その間にぴったり
おさまるように
描くとキレイです

34

月の表紙を作る

④書体の描き方

お洒落な「カフェ風」や、丸みが特徴的な「ガーリー風」、ささっとペンを走らせた「手書き風」など、模様の中に使える書体・描き方のバリエーションを増やすことで、いろいろなところに活用できます。

書体の描き方

AUGUST
横線を下方に描くだけでCAFE感
AUGUST
筆記体風
august
ハンドレタリング風
縦の線を太くする
AUG
アルファベットの左側の線だけ太く描いて横線を引いてアレンジ
縦線でも◎
HAPPY
影をつけた一番一般的な飾り文字
①
えんぴつで文字を描く（あとで消すよ）
②
線の周りを囲む
③
角から右上ナナメ45°に向かって同じ長さの線を描く
④
あわせて線を引く えんぴつは消す
⑤
ナナメ線を描く 黒くぬっても◎
つかえる いろんなフォント
同じフォントでも影をつけると印象が変わるよ

35

月の表紙を作る ⑤組み合わせてみよう

パーツの描き方を覚えたら、実際に表紙（トビラ）を作ってみましょう。実は単純なものだけで構成されているのがわかります。

実はこれくらいの
模様しか使ってないよ

AUGUST
A SMILE AND THANKS,
方眼に沿った線を引き
その1mm内側に
3つの点と線のくり返し
方眼に合わせて
線を引くだけで
模様になるよ
月のテーマ
「A SMILE AND THANKS」
を入れる
ペン入れて
完成♡

バレットジャーナルのお供に シンプル付箋でTODOメモ！

倉敷意匠計画室が企画し、ドロップアラウンドがデザインした紙の付箋。「シュ」「キナリ+コケ」「スミ+ツキ」などネーミングもユニークでサイズもさまざま。使い方無限大。TODOメモとしても◎

Chapter 3

バレットジャーナルの続け方、管理の仕方

36

ハビットトラッカーで毎日を記録

習慣化したい項目をリストアップし、毎日チェックすることで達成できたかどうかがひと目でわかるハビットトラッカー。毎日ノートを開くきっかけになるのでぜひ作成してください。自分がどれだけがんばったかわかりやすいのでモチベーションアップにもつながります。

ガントチャートスタイル

	1	2	3	4	5	6	7	8	9	10	11
ランニング	●										
腹筋30回			●		●	●	●		●	●	
お尻歩き	●		●								
脚パカ	●		●								
	1	2	3	4	5	6	7	8	9	10	11
Instagram	●	●	●			●					
1日1絵	●		●								

「ランニング」は続かなかったけど「腹筋30回」が続いたことがひと目でわかる

項目が多すぎる場合は日付をあいだにはさむと見やすい

独立スタイル

項目ごとの達成率を把握したい場合。日付を塗りつぶしていくタイプ

Instagram

1●	2●	3●	4●	5	6●	7●	8	9●	10●
11	12●	13●	14●	15●	16●	17●	18	19●	20●
21	22●	23●	24●	25●	26	27●	28	29●	30●

1日1絵

1●	2	3●	4	5●	6	7●	8	9●	10
11●	12	13●	14	15●	16	17●	18	19●	20
21●	22●	23	24●	25●	26●	27	28●	29	30

それぞれ自分が続けたいことをピックアップ。毎日チェックしてどれだけやっているかを把握する

月の始めの気分でフォーマットを変えています！

37

健康チェック表で体調を管理

自分の身体を知るための大事な記録を始めましょう。不調サイクルを書き留めておくことで、お医者さんへの相談など上手に向き合うことができます。こちらも毎日チェックすることが大切！

例えば貧血の症状を把握し、通院の際に正確な報告をするために記録する

HEALTH CHECK

	CYCLE	GOOD	NORMAL	BAD	動悸	息切れ	めまい	不安感	イライラ	腹痛	肩こり	頭痛	眠気・ダルさ	下痢	その他	
1	11	●			▲											心臓に違和感
2	12		●									▲				筋肉痛(足・うで)
3	13		●											●		
4	14		●										●			
5	15		●													
6	16			●							●	●		●		
7	17		●													
8	18		●								●					
9	19		●								●					
10	20			●											●	ヒノキ花粉ヤバイ
11	21		●													
12	22		●													
13	23		●													
14	24		●										●		●	鼻水がヤバイ
15	25		●												●	鼻水が黄色み
16	26		●												●	鼻水続く
17	27		●												●	鼻水
	28		●													

備考欄にはその他の気になった症状を記入

自分の生理周期と、それによってどういう状態になるかをチェックリスト項目にあげて毎日記録。項目は今までの症状にあったものをあげています。記録し続けて、生理の一週間前からさまざまな不調がはじまることが判明。自分の身体のサイクルを知ったことで貧血の薬を多めに飲むようにしたり、コーヒーなどのカフェインを控えたり、自分自身で対策ができるのがメリットです。

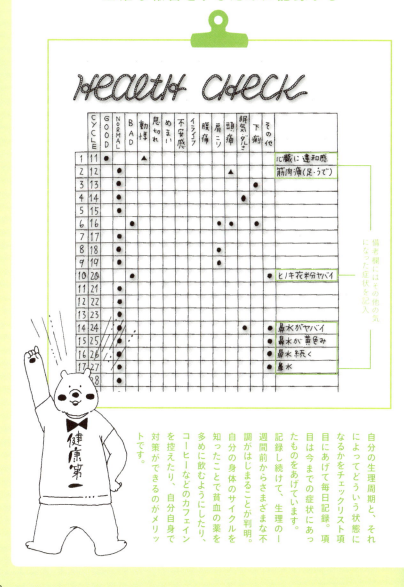

38

気になったニュース・天気を記録する

その日に気になったニュースは見出しを記録。天気は最高・最低気温を記録し、天気マークで視覚化します。

ニュースの記録

1	餅で10人搬送6人重体 都内	16	羽生結弦 練習再開していた
2	一般参賀 開門前に2倍の2万人	17	東京メトロ落書き 13日には千代田線も
3	青山学院大が4連覇達成	18	ゴチ新メンバーに中島健人&橋本環奈
4	北・昨年発射失敗IRBM民間地域に落下	19	小室哲哉・不倫騒動のけじめとして引退
5	インフルエンザ大流行 注意.報レベルに	20	トルコ シリアで新たな地上戦
6	星野仙一氏死去 すい臓がん	21	予算不成立 自由の女神も閉鎖
7	葛西紀明 8回目の五輪代表へ	22	夕方から都心大雪 帰宅困難の可能性
8	成人の日 新成人の皆さんおめでとう	23	草津白根山(群馬県草津町)が噴火
9	北朝鮮平昌五輪参加を正式表明	24	首相 平昌五輪開会式出席へ
10	バブル再来「ダンシング・ヒーロー」カラオケ1位に	25	過去最高クラスの寒気 東京48年ぶり－4°C
11	信越線で15時間半立ち往生 大雪	26	LUNA SEA．SUGIZOインフルでツアー初日中止

1日1×10マスの欄を作るとネットニュース等の見出しに
だいたいちょうどいいです。
その日一番気になったニュースを書きます。
「エンタメ情報しばり」など、自分自身の好きなルールで
やってみても楽しいです

天気の記録

3×3マスの枠の中を日付、
天気マーク、最高・最低
気温の欄に分割して記録

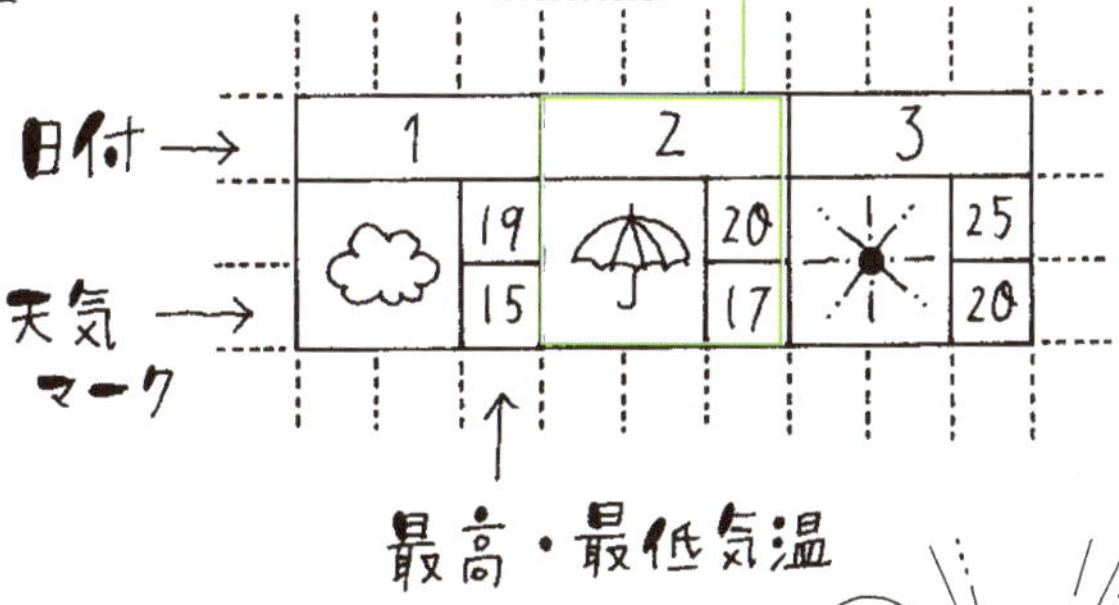

今月は「晴れた日が多い」
「雨の日が多い」など後
から見返しやすい

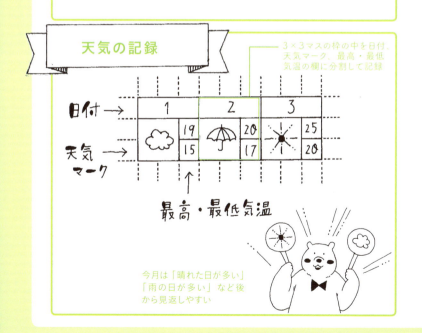

39

時間を確保するために「ノートを開く」を習慣化

まずは「ノートを開く」ことが大切です。TODOリストに「ノートを開く」の項目を追加することで、習慣化されていきます。

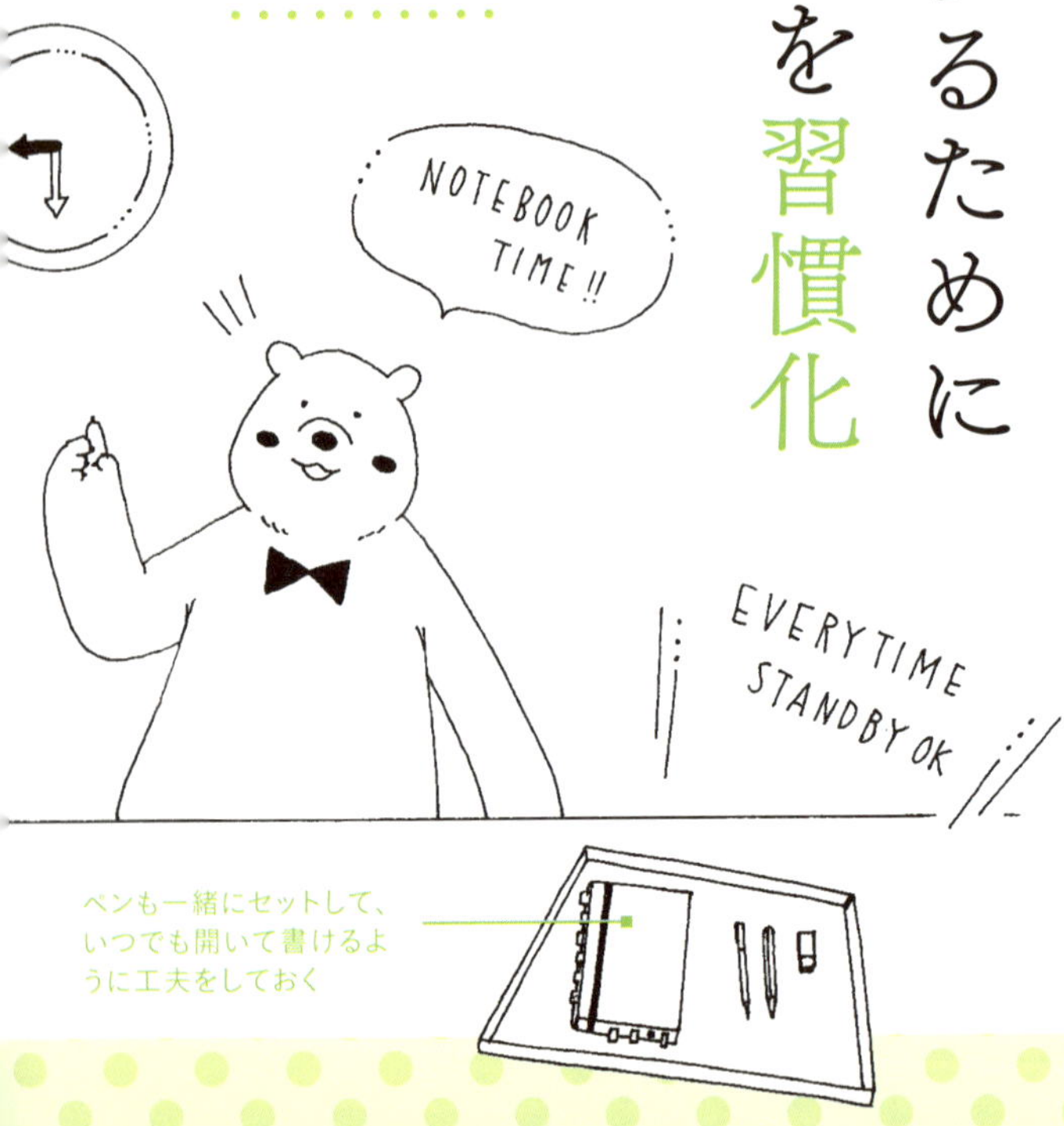
NOTEBOOK TIME!!
EVERYTIME STANDBY OK

ペンも一緒にセットして、いつでも開いて書けるようにエ夫をしておく

手帳タイムを予定に入れておく

1日のどこかで、手帳タイムを確保しておく。確認と見直しができる時間に入れると◎

朝のバタバタ中
思いついたTODOはフセンに

6:30 起床・朝食準備
6:40 娘たち起床・朝食
朝準備
7:30 父朝食・洗たくスタート
7:35 小学生娘登校
朝ごはん片付け
8:00 父出勤
洗たく干し・幼稚園準備・掃除
9:00 幼稚園バス見送り
9:30 手帳をひらく
TODO出し・天気…の他
大掃除する箇所をリストUP

朝のうちに急に思い立って「大掃除リスト」を作ることに

11:30 ☑炊飯器の掃除 を実行
12:00 お昼ごはん・のんびりテレビ休憩
13:00 リストから掃除を始める
（5～10分でできるように
掃除箇所も細かく出すと
とっかかりやすい）
15:00 幼稚園バスおむかえ
おやつタイム・片付け
16:00 夕飯準備
17:00 自主練付き合い
18:30 夜ごはん
片付け・家事

TVを見ながら大掃除リストのレイアウトを考える

20:00 お風呂・娘たちの寝る支度
21:00 娘たち就寝・家事
22:00 手帳をひらく
大掃除リストをBujoにちゃんと作る
かわいく描いて、やる気UP
翌日実行予定のタスクは、週間TODOの方にも書き写す
24:00 おやすみ～

40

カレンダーを部屋にかけない

部屋にカレンダーをかけないようにしてみましょう。そうすることで、自然とノート（バレットジャーナル）に自分で書いた年間カレンダーを見るようになります。

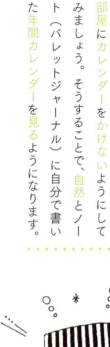

カレンダーを部屋に かけないという選択

Point

ノートは、すぐ手に取りやすいように出しっ放しにしておきたいので、インテリアの邪魔をしないデザインのものを

41 SNSで宣言する

SNSで手帳（ノート）アップを宣言しましょう。手帳を続けようと思っても、手帳をつけることが楽しくなければ嫌になってしまうでしょう。「楽しい気持ち」を他の人と共有することから始めましょう。

「楽しい気持ち」を、同じ趣味を持つ人たちと共有する

SNSとの付き合い方

- 楽しくなる1つの要因としては、「楽しい気持ち」を他人と共有できること

- 家族や友人に見せるのが恥ずかしいことも、SNSというネット上でなら見せられることもあります（匿名性のあるSNSもあるので）

- ハッシュタグをつけて見つけてもらいやすくするとなお、同じ趣味を持つ人とつながりやすくなります

- 「いいね」をもらったり、コメントをしてもらうことで「もっと書こう」というモチベーションアップにつながります

42 スキなもので固める

下敷きや栞など、ノートを開く・書く・持ち歩く際に必要なもののすべてを、自身のスキなもので固めましょう。

毎日がときめく
わくわくが続く
ものを

手帳を楽しく続けるためには、手帳自体はもちろん、使用する道具も手にしたときにテンションが上がるモノを使うと◎。ペン・消しゴム・定規・下敷きや栞もとびっきり気に入ったモノを使って、ワクワクした手帳タイムに。手帳カバーや栞はＤＩＹでより愛着がわくものを作っても。

43

できなかったことを見直すことの大切さ

できない理由を見つけましょう。ずっと先延ばしにしているタスクがあったら、「なぜ先延ばしになっているのか」考える時間を持つことが大切です。

先延ばしにしているタスクがあったら その理由を考える

① やっぱりやる必要がない

② やりたいけど腰が重い

③ 今じゃなくても良かった

① やっぱりやる必要がない

↳ ☒で終了

② 腰が重い

↳ タスクを細分化する

例えば

□ リビングの大掃除 ← 漠然としているので

→□ TV周りの小物の整理

→□ カウンター上の整理

→□ 窓拭き（内側）

↳□ 窓拭き（外側）

具体的かつ5〜10分で出来る程度のタスクに分けていく

③ 今じゃなくても良かった

↳ だいたいいつくらいにやりたいかを決めてFuture Logや月間スケジュールに転記。未来の自分に託す。

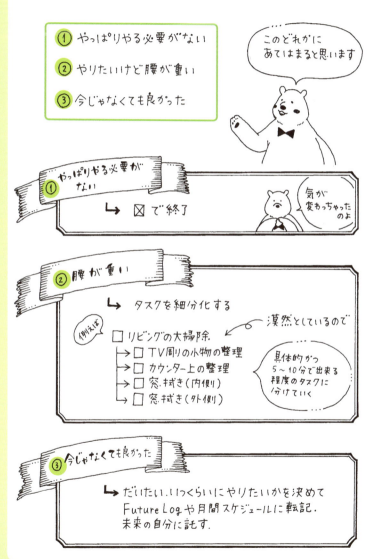

44

1日の終わりにその日のページを振り返る

「ノートに記録した」だけで満足せず、その日がどんな1日だったかを振り返ることがとても大切です。今日の反省と明日への活力を身につける大事な時間なのです。

寝る前に手帳（ノート）を開く

夜寝る前の習慣に「ノートを開く」をプラスする。ながら作業でもよいので、ほんの数分、手帳を開くことを習慣づけましょう

BEFORE SLEEPING

私は（お行儀が悪いですが…）歯磨きをしながらリビングに置いてある手帳を開いて眺めるのが習慣になっています

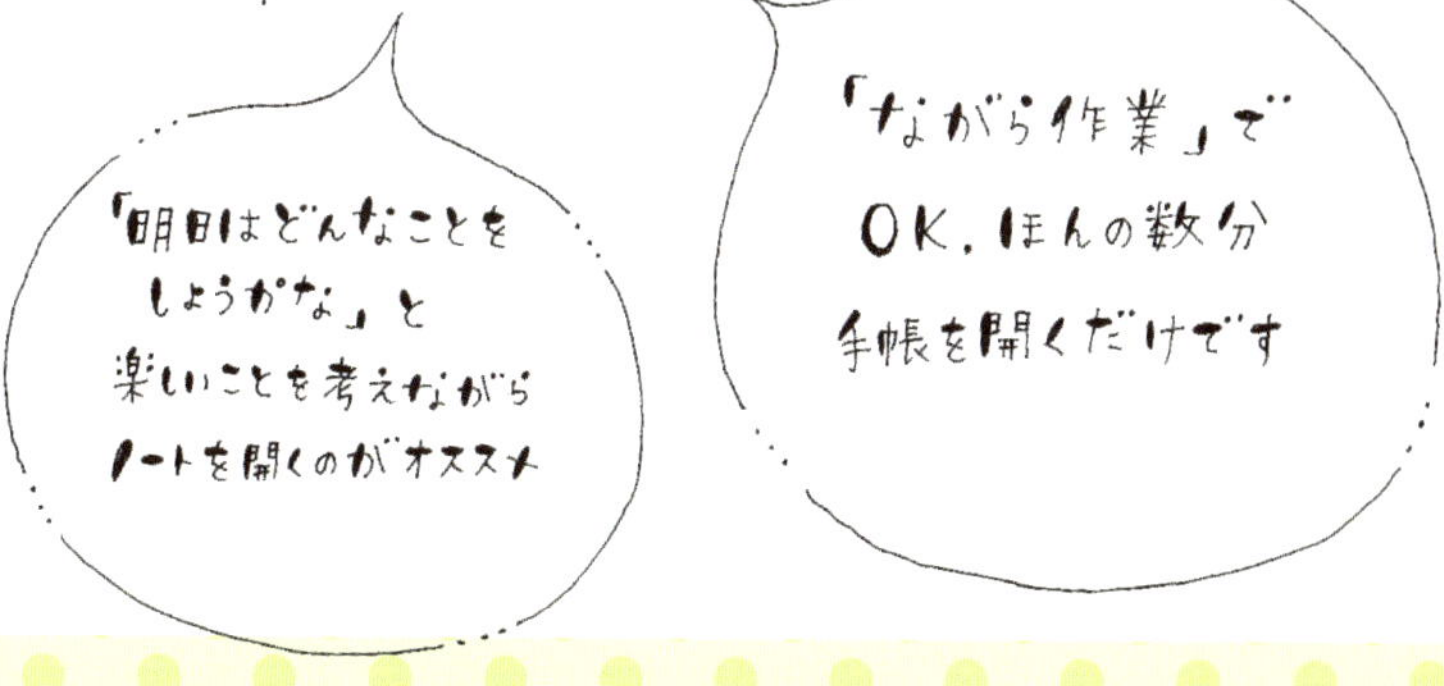
「明日はどんなことをしようかな」と楽しいことを考えながらノートを開くのがオススメ
「ながら作業」でOK.ほんの数分手帳を開くだけです

45

前夜に振り返りができなかったら翌朝に

あきらめることも大事です。旅行などに行ってノートを開く時間がないときや、なんとなくやる気が起きないことってあると思います。そんなときは、無理をしないで翌朝に切り替えましょう。

忙しい・体調がすぐれない・やる気が起きない…ときは無理をしない

毎夜の習慣にはなっていても、旅行で家にいなかったり、疲れていて手帳を開く元気がなかったりする日は、いさぎよくあきらめましょう。

「絶対やらなきゃ」と思ったら嫌になり続きません。

「今日はいっか～」くらいの気持ちで続けましょう。

書けないときはあきらめる

「振り返り」だけでなく、週間TODOなどが書けないときもあきらめます。

忙しいとき、体調が悪いとき、何がなんでも書かなきゃいけないものではなく、楽しく書けるときに書く方が、長い目で見て続けられるコツだと思います。

46

スマホアプリを活用する

上手に活用することで、スマホアプリは手帳のよき相棒になってくれます。使いやすいアプリは人それぞれなので、自分に合ったアプリを探しましょう。

手帳を書くときに使うアプリ

iPhone app.

天気アプリ
「tenki.jp」

天気ログで必ず使う

翻訳アプリ
「weblio英語翻訳」

見出しや目標を
英訳するときに

ニュースアプリ
「Yahoo!ニュース」

NEWSログに自分の
興味のあるNEWSが
出てくるように設定

メモアプリ
「瞬間日記」

旅先など、すぐ書けない
ときの記録用に
写真を入れられて便利

健康管理アプリ
「ヘルスケア」

歩数を記録するときに

あとで書こうと思ったものは、
なんでもスマホで写真を
撮っちゃいます

47

鉛筆の単文で下書き。後でまとめて絵日記に

1日の終わりに、鉛筆を使ってざっくりしたその日の出来事だけを単語・単文で残して、後でまとめてお絵かき。後からでも思い出せる事柄を残しておくのがポイント。

まとまった時間に描く

毎日、1日の終わりの振り返りの時間に絵日記も描けるのが理想的ですが、実際はなかなか難しいです。

筆が遅いので、まとまった時間がないと納得いく絵が描けないので…

1日の終わりにはざっくりしたその日の出来事だけを単語・単文で残します。

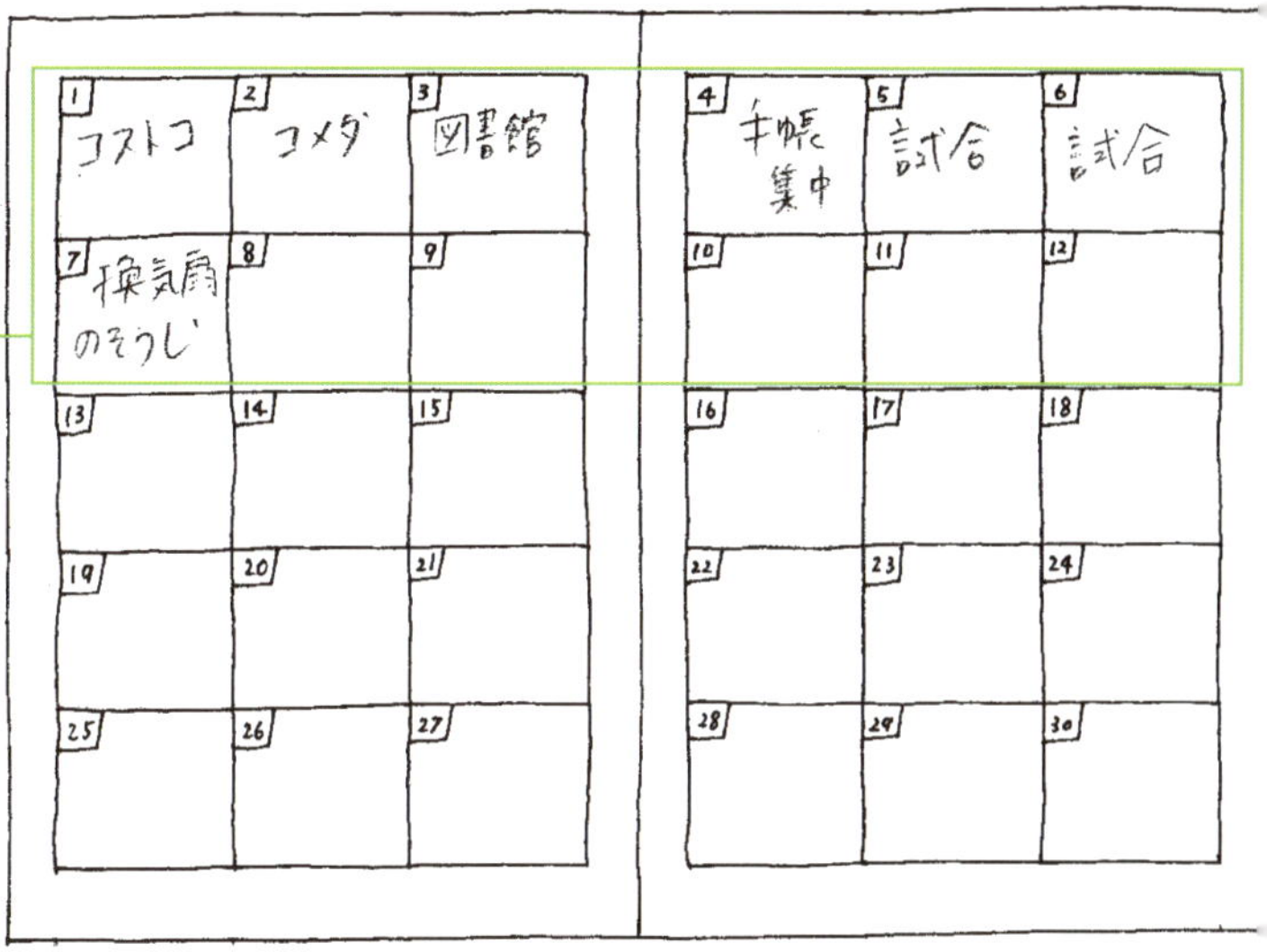
1 コストコ
2 コメダ
3 図書館
4 手帳集中
5 試合
6 試合
7 換気扇のそうじ
8
9
10
11
12
13
14
15
16
17
18
19
20
21
22
23
24
25
26
27
28
29
30

後からでも思い出せるように、鉛筆でその日にあった日記に残したいことをメモしておいて、1週間分ほどたまったらイラストを描きます

「楽しく」「今」描きたいときに

48

好きな動物を擬人化

一番スキなものをたくさん描いていたら、ノートを開いたときや見返したときにとっても楽しい手帳になります。自分のスキをたくさん描くようにしましょう。

WHICH DO YOU LIKE ?

イラストはスキなものを描けばいい

マンスリー絵日記を描くとき、小さな枠の中に人間を描くのがとても面倒でした。小さなイラストで人物をかわいく描こうとすると、とても時間がかかってその間にやる気がダウン。

そこで人物より簡単に描ける動物を自分や家族に見立てようと思い、始めたのがしろくま絵日記です。

自分が描きやすくて得意なイラストなら、ペンもどんどん進みます。スキなものをたくさん描きましょう。

49

週間ページのイラストは目の前にあるもの

週に一度、イラストのテーマを延々と考えている余裕はないし、時間がもったいないですよね。そのとき目の前にあったものや、情景から思い浮かんだものを描いていきましょう。

動会のイメージを
イラストに

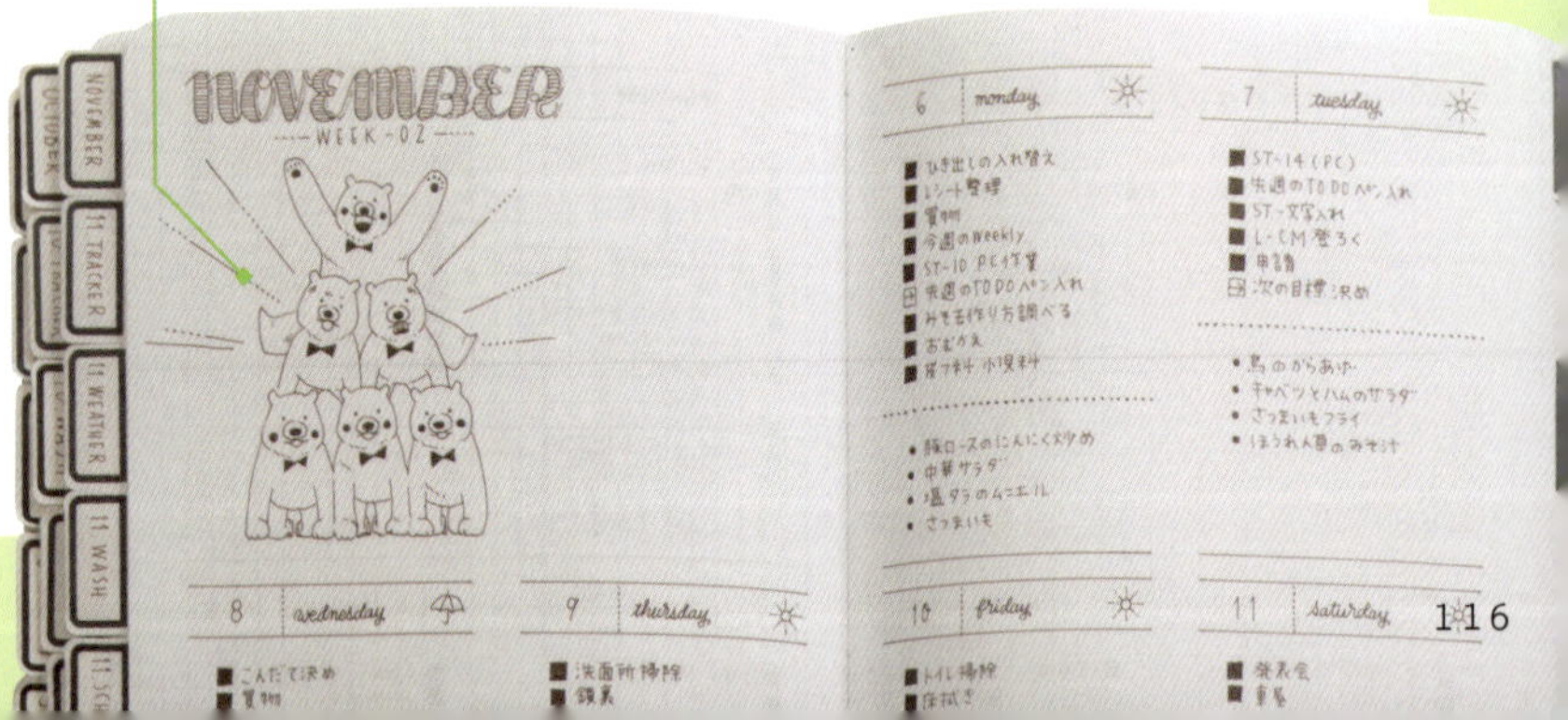

イラストのテーマに時間をかけない

週間ページのイラストスペースに描くのは、その週に何かイベントがあればそれをテーマにしますが（ひな祭りの週なら、おひなさま等…）、何もない週はテーマ決めに少し悩みますよね。

この「何を描こうかな～」が私はとっても長くて、一番もったいないと感じている時間です。目に入ったものを何も考えずにイラストにするようにしています。

たとえば

テレビにスイーツが映っていた

→しろくまに甘い物を食べさせる

窓の外を見たら雨が降っていた

→しろくまに傘を持たせる

50

旅行の際は便利なアプリを活用する

帰宅してからゆっくりと…。旅行先や外出先で手帳を書く時間がとれないときはスマホを上手に活用します。日程や旅先の出来事などを記録しておきたいときに、スマホアプリ「瞬間日記」はとても便利です。

瞬間日記
(Moment Diary)
Utagoe Inc.

「瞬間日記」は、その日に起こった出来事を時系列で簡単に記録することができるため、後でゆっくりノートにまとめることが可能

かんたん使い方

起動 → かくだけ

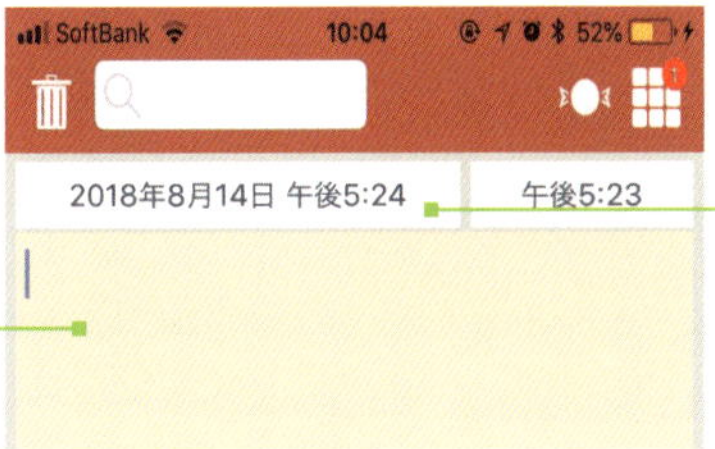

入力画面にメモをテキスト入力するだけ

入力画面を立ち上げると日付と時間は自動で入る

その日に起こった出来事を時系列で記録できる

写真も記録できる

一日何回でもメモが可能

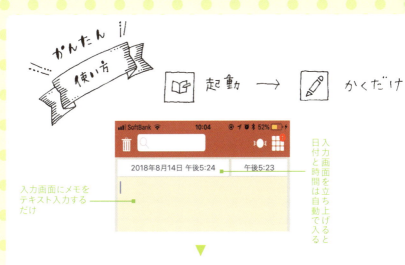

51 インデックスシールを上手に活用

せっかくたくさんのページを作っても、開きたいページをすぐに開けないと効率が悪いし、開くのも面倒になってしまいます。私はインデックスシールを活用。たくさん貼られていると充実感があります。

100均だけでも
種類が豊富で
まよっちゃうー

100均のインデックスシールやマステを活用しても

インデックスシールを使用してページを開きやすくしています。インデックスシールはダイソーのシンプルな三色入りのものを使用。黒と青と赤が入っていて、その中の黒だけを使っています。あまり色が入るのは好きではないので、他二色は娘にあげて。モノクロでシンプルになるように心掛けています。

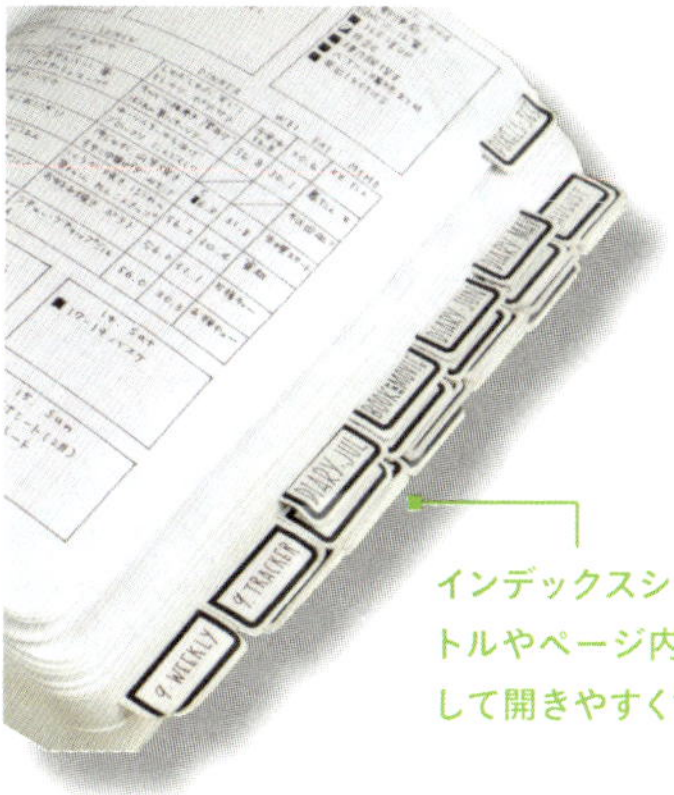

インデックスシールにタイトルやページ内容を記入して開きやすくする

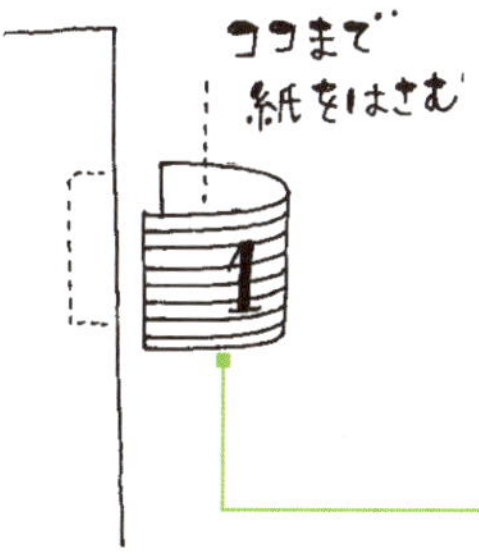

好みのインデックスシールがなければマスキングテープで代用しても。無地や好きな柄をなんでも選べるので、数字を書くだけでも月ページの見出しになります

52 マイタイムを作って清書

マイタイム＝自分のための時間を作る。私にとってのマイタイムは、鉛筆で下書きしたものをまとめてペンで清書することなのです。文字やイラストのタッチが均一に。

文字やイラストは鉛筆で下書きしてから清書

同じページのなかでペンの色が違ったり、タッチが丁寧な字と雑な字が混在しているようなものが許せません。なので必ず鉛筆で下書きをするようにしています。そして、半月分くらいをまとめて清書することで、だいたい同じ文字やイラストのタッチになります。毎日の記録は忙しかったり心が乱れていたり、ゆっくり座って書けないことも多いので、まとまった時間が取れたときに心を落ち着けて清書します。この時間が私の癒やしの時間であり、バレットジャーナルで一番大事な作業です。

53 私のある日の1日

バレットジャーナルは私にとってかけがえのないもので、手帳（ノート）は普段からたびたび開いて確認、書き込みをしています。参考までに、私の1日のタイムスケジュールをご覧ください。

日中は机の上に開きっぱなしにして、つどチェックする

1日のタイムスケジュール

- 6:30 起床
  朝食準備
- 6:40 娘たち起床・朝食
  お弁当作り・朝準備
- 7:30 父朝食・洗たくスタート
- 7:35 小学生娘登校
  朝ごはん片付け
- 8:00 父出勤
  洗たく干し・幼稚園準備
  掃除
- 9:00 幼稚園バス見送り
- 9:30 手帳をひらく
  TO DO出し・天気ニュースも
- 10:00 トイレ掃除・床拭き → ☑付ける
- 10:40 買物・申請書ポストイン → ☑付ける
- 11:50 帰宅・お昼ごはん・のんびりタイム
- 13:00 手帳をひらく
  絵を描いたり
  TO DO以外のページ
  を描くお楽しみタイム☺
- 15:00 幼稚園バスおむかえ
  片付け・おやつタイム
- 15:30 夕飯準備
- 16:30 習い事付き添い
- 19:45 帰宅・即ごはん
- 20:30 お風呂・寝る支度
- 21:30 娘たち就寝
  家事いろいろ
- 22:30 手帳をひらく
  未達成タスクの翌日への繰りこし
  & 明日やりたいこと出し
- 23:30 おやすみ～

朝の忙しい時間に
思いついたTO DO等は、
出しっぱなしの付箋に
殴り書きをして後でBujo.

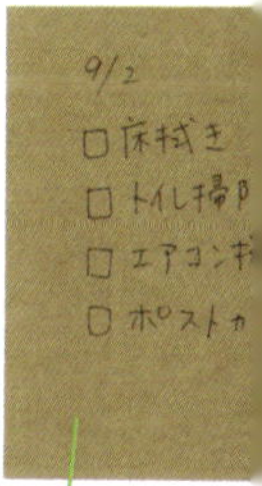

9/2
□床拭き
□トイレ掃
□エアコン
□ポストカ

忙しい時間帯は
まずは付箋に殴
り書きのメモ

落ち着いたらバ
レットジャーナル
に転記します

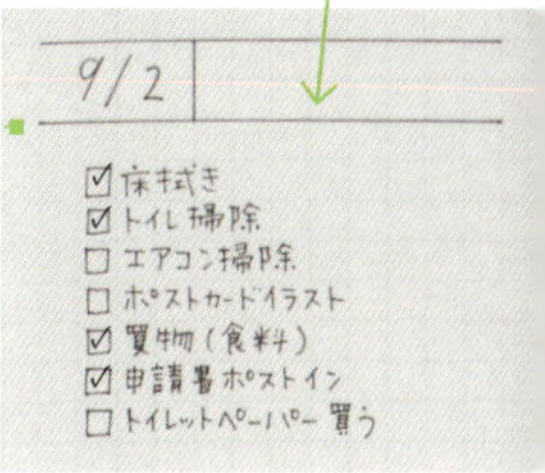

9/2
☑床拭き
☑トイレ掃除
□エアコン掃除
□ポストカードイラスト
☑買物（食料）
☑申請書ポストイン
□トイレットペーパー買う

終了したTODOには
完了チェック✓を

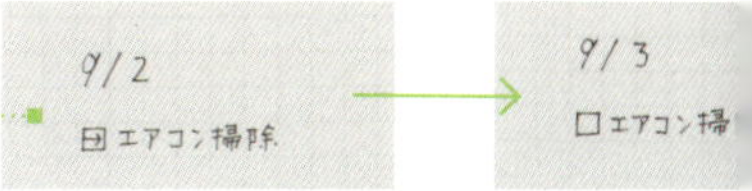

9/2
エアコン掃除
9/3
□エアコン掃

エアコン掃除は本日はできな
かったので、翌日に持ち越した
ことをノートに記入する

54

イベントが近づいたら…専用のリストページを作る

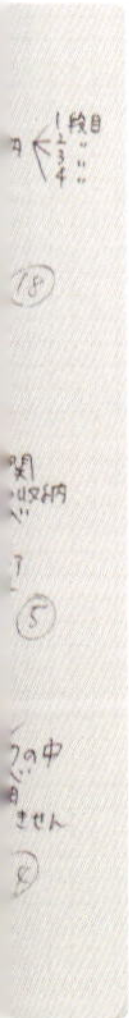

例えば年末の大掃除の時期になると、大事なイベントでもあるこの作業もバレットジャーナルで管理したくなります。大掃除のための細分化したTODOリストを作る様子です。

とりあえず
えんぴつ書き
で頭の中を
全部出し

1日のタイムスケジュール

朝のバタバタ中
思いついたTODOは付箋に

- 6:30 起床・朝食準備
- 6:40 娘たち起床・朝食
  朝準備
- 7:30 父朝食・洗たくスタート
- 7:35 小学生娘登校
  朝ごはん片付け
- 8:00 父出勤
  洗たく干し・幼稚園準備・掃除
- 9:00 幼稚園バス見送り
- 9:30 **手帳をひらく**
  TODO出し・天気…の他
  大掃除する箇所をリストUP

朝のうちに急に思い立って「大掃除リスト」を作ることに

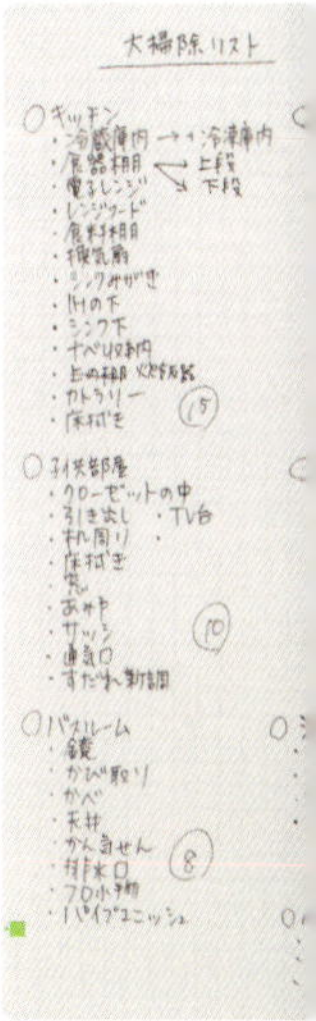

まずはメモに殴り書

- 11:30 ☑炊飯器の掃除　を実行
- 12:00 お昼ごはん・のんびりテレビ休憩
- 13:00 リストから掃除を始める
  （5～10分でできるように
  掃除箇所も細かく出すと
  とっかかりやすい）
- 15:00 幼稚園バスおむかえ
  おやつタイム・片付け
- 16:00 夕飯準備
- 17:00 🏀自主練付き合い
- 18:30 夜ごはん
  片付け・家事

TVを見ながら大掃除リストのレイアウトを考える

- 20:00 お風呂・娘たちの寝る支度
- 21:00 娘たち就寝・家事
- 22:00 **手帳をひらく**
  大掃除リストをBujoにちゃんと作る
  かわいく描いて、やる気UP。
  翌日実行予定のタスクは、週間TODOの方にも書き写す
- 24:00 おやすみ～

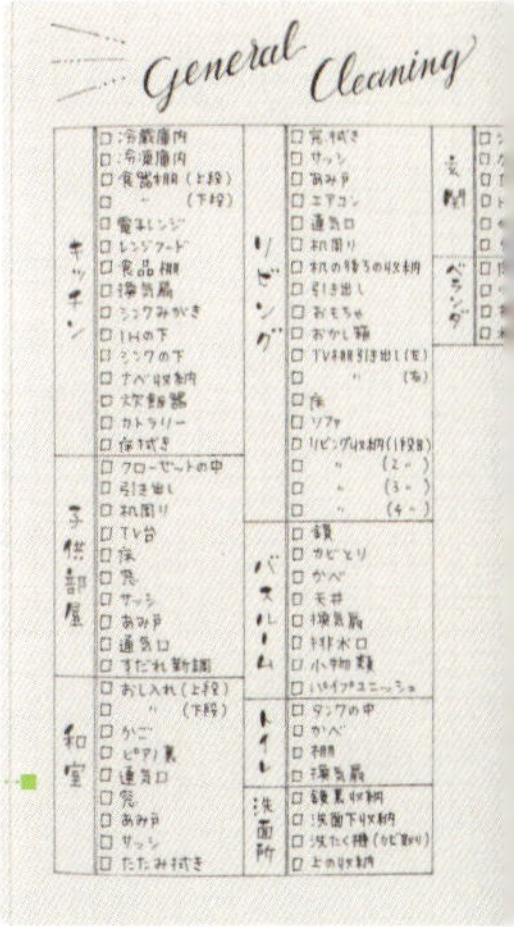

バレットジャーナルのお供にマイルドライナー

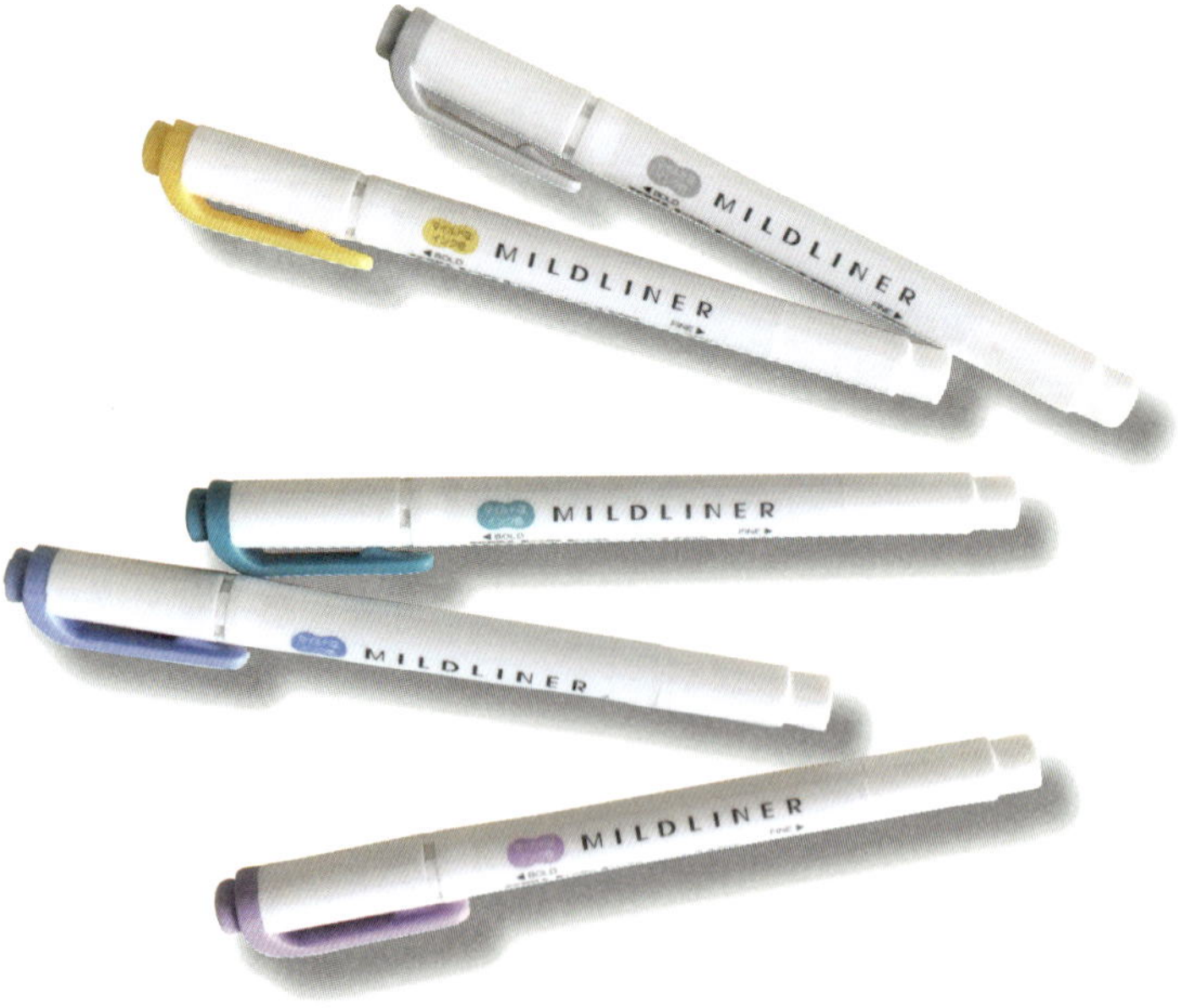

マイルドなインク色のラインマーカー「MILDLINER」。マイルドライナーの「BOLD」を使えば、TODOのチェックボックスを簡単に作れて便利、そしてちょっとかわいい。方眼ノートと相性もよく、マイルドな色展開は目にもやさしいし、色分けも◎

Chapter 4

バレットジャーナルコレクションページ活用法

55

Not TODOリスト

習慣としてやりたくないことをリストアップ！　やらなかったらチェック。「●」で埋め尽くされたら習慣化できているということ。

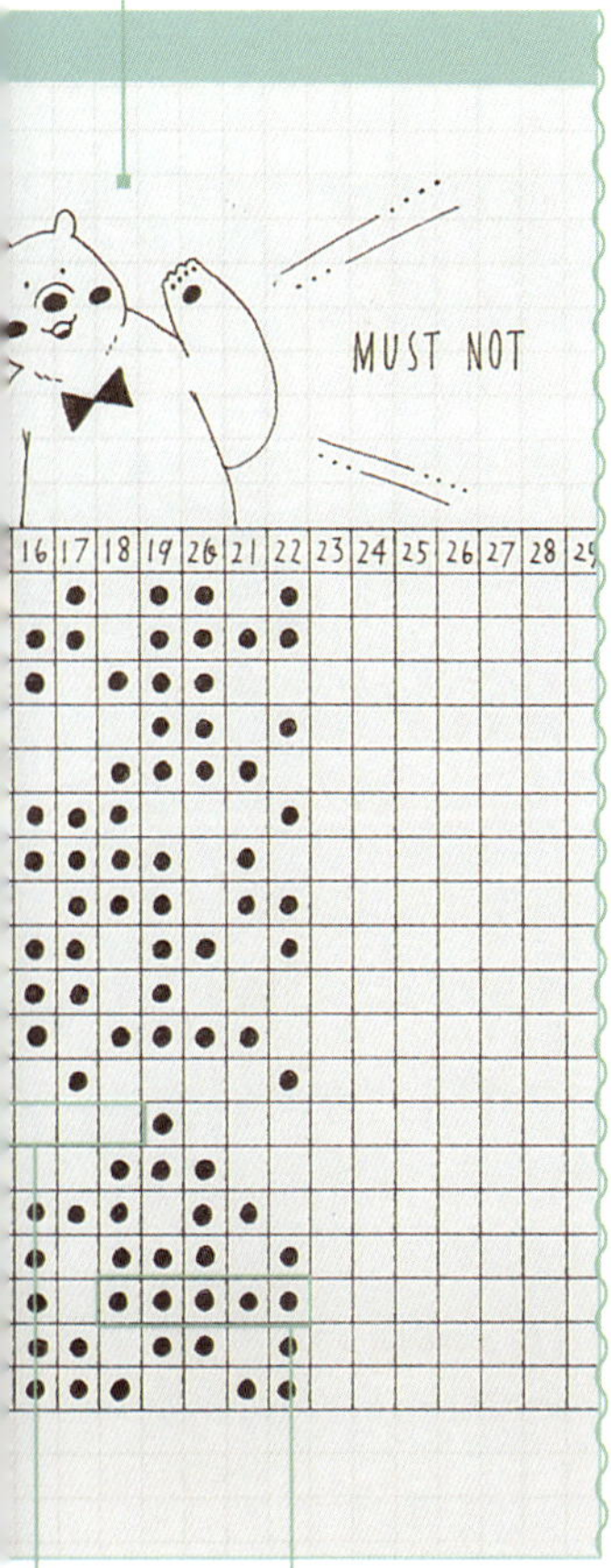

隙間があったらイラストでテンションUPを…

●でも■で塗りつぶしでも、チェックの仕方は自由

できていない日が続いきは、何がいけないか度考えよう

タイトル、見出しは英語で書く！
そのときに気に入っている書体
で文字をデザインする

Not To Do List

THE LIFESTYLE THAT I WANT TO STOP

			1	2	3	4	5	6	7	8	9	10	11
食	1	お菓子をたべすぎる	●		●	●	●		●	●			●
	2	カフェインをとりすぎる		●			●	●	●		●	●	
	3	あげもの・ファーストフードを食べる	●	●	●		●		●		●	●	●
	4	夜炭水化物をたべる	●			●	●	●		●			●
	5	早食いする		●	●		●			●	●		●
ダイエット	6	マンションのエレベーターを使う			●	●	●		●		●		●
	7	湯船につからない	●	●		●	●	●		●	●	●	
	8	体重計にのらない	●	●	●	●				●	●	●	
	9	18時以降にたべる		●	●		●		●		●		
	10	甘い飲み物をのむ	●	●		●		●	●		●	●	●
生活	11	夜更かしする	●	●	●		●	●		●	●	●	●
	12	暇つぶしにすぐスマホをさわる				●			●				
	13	布団の中でスマホ		●	●		●		●		●		
	14	日焼け止めを使わない	●	●		●		●		●	●	●	●
心	15	不平不満を言う	●	●	●		●			●		●	●
	16	悪口・うわさ話をする	●	●	●		●	●		●		●	●
	17	人と自分を比べる	●		●	●		●	●	●		●	●
家	18	机の上に物があるまま寝る	●	●			●		●		●	●	
	19	ソファの上に物があるまま寝る		●	●				●		●		

英語が得意な人は全てを英文
で書いてもかっこいい

毎日リストを見ることで
意識付けができる

56

読みたい本のリストを作る

雑誌やネットで気になった本はそのままノートに記録できるけど、本屋さんなどで気になった本は、タイトルだけ覚えて店外でメモアプリに記録。後で検索して著者名も正しく書きます。

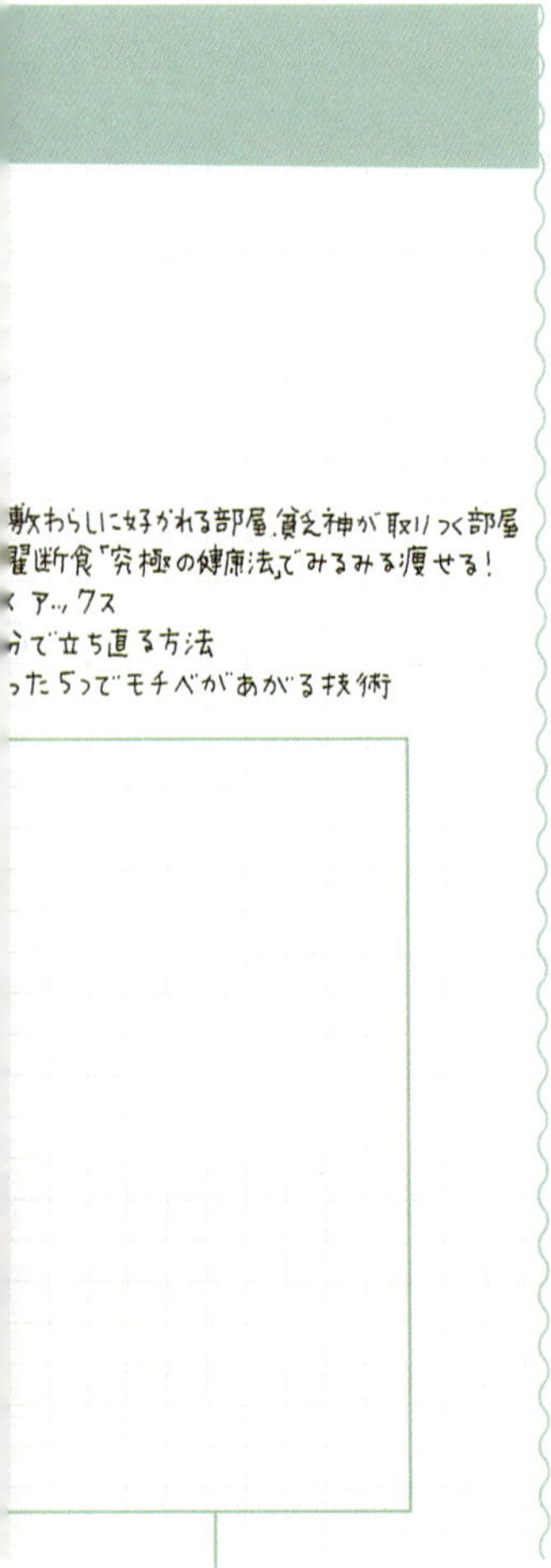
敷わらしに好かれる部屋.貧乏神が取りつく部屋
曜断食「究極の健康法」でみるみる痩せる!
く アックス
分で立ち直る方法
った5つでモチベがあがる技術

本をたくさん読む予定の人は余白スペースを多めにとっておき、すぐに追加できるようにしておきます

見出しは、単純に「読みたい本LIST」より、英文が入っていた方がオシャレです

BOOK TO WANT TO READ

読みたい本 LIST

		読了日
□ 一冊の手帳で夢は必ずかなう	熊谷正寿	(　　)
□ できたことノート	永谷研一	(　　)
□ 鬼速PDCA	冨田和成	(　　)
□ 書斎の鍵	喜多川泰	(　　)
□ 考えない台所	高木直子	(　　)
□ 結果を出し続ける人が朝やること	後藤勇人	(　　)
□ MY JOURNAL 英語で日記を書こう!	Mami	(　　)
□ 新月・満月のパワーウィッシュ	Keiko	(　　)
□ 自動的に夢がかなっていくブレイン・プログラミング	アラン・ピーズ	(　　)
□ 未来を予約する手帳術	青木千草	(　　)
□ 「願いごと手帖」のつくり方	ももせいづみ	(　　)
□ 遅読家のための読書術	印南敦史	(　　)
□ 美しくなる判断がどんな時もできる	長井かおり	(　　)
□ 世界一やさしい読書習慣定着メソッド	印南敦史	(　　)
□ 先延ばしは1冊のノートでなくなる	大平信孝	(　　)
□ 人生の勝負は朝で決まる。	千田琢哉	(　　)
□ 1億稼ぐ人の「超」メモ術	市村洋文	(　　)
□ 昭和天皇物語	能條純一	(　　)
□ フセンと手帳で今度こそ、家が片づく	須藤ゆみ	(　　)
□ 心配事の9割は起こらない	枡野俊明	(　　)
□ 超ノート術 成果を10倍にするメモの書き方	佐藤ねじ	(　　)
□ 自分を劇的に成長させる!PDCAノート	岡村拓朗	(　　)
□ おさよさんの無理なくつづく家事ぐせ	おさよさん	(　　)
□ 勝間式 超ロジカル家事	勝間和代	(　　)
□ お金の不安が消えるアドラー流家計管理	岩井美弥子	(　　)
□ 簡単ワンプレートがいっぱい!朝ごはんの本	星野奈々子	(　　)

「本当に読むかな、読まないかも」は気にせず、とにかく気になった本は全てリストアップ

読んだ本はチェック!もっと細かく記録したい場合は、読み始めた日を書いても◎

57

観たい・行きたい映画リスト

子供が小さく、あまり映画館に行けないので、TV・CMなどで気になる映画を見つけたときはすぐに追加します。

昔の作品でも「そういえば観たことないなぁ」と思ったら書きます

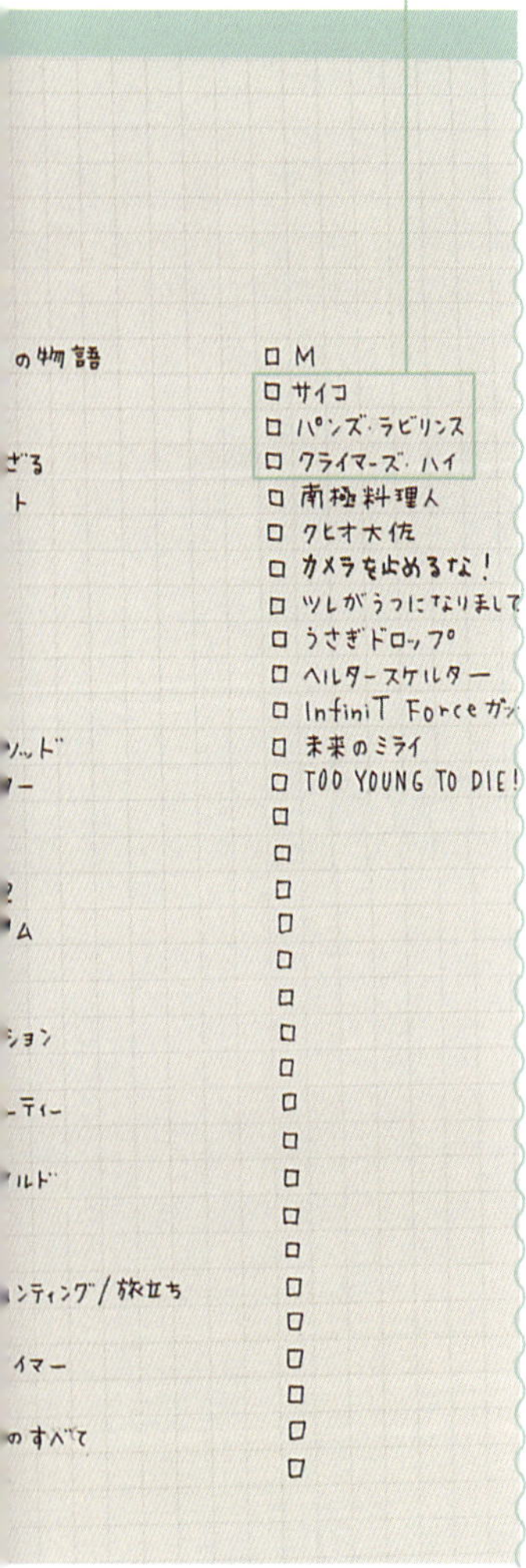

□ M
□ サイコ
□ パンズ・ラビリンス
□ クライマーズ・ハイ
□ 南極料理人
□ クヒオ大佐
□ カメラを止めるな!
□ ツレがうつになりまして
□ うさぎドロップ
□ ヘルタースケルター
□ InfiniT Force
□ 未来のミライ
□ TOO YOUNG TO DIE!

もっと単純に「MOVIE LIST」でも◎。自分でわかりやすいように書くのが一番です

映画館で観た作品には★マークをつけています

MOViE TO WANT TO SEE
観たい映画 LIST
■ ハンガーゲーム2
□ この世界の片隅に
□ 怒り
■ モテキ
□ 八日目の蝉
■ 9(ナイン) 9番目の奇妙な人形
□ 死にぞこないの青
■ 帝一の國
■ ハンガーゲームFINAL レジスタンス
■ ハンガーゲームFINAL レボリューション
□ 夜は短し歩けよ乙女
□ 虐殺器官
□ 舟を編む
□ パンとスープとネコ日和
□ そして父になる
□ パタリロ movie
□ 焼肉ドラゴン
□ 曇天に笑う
□ WE ARE X
□ 鋼の錬金術師
□ 恋は雨上がりのように
□ 名探偵コナン ゼロの執行人
□ いぬやしき
□ HURRY GO ROUND
□ PEACE MAKER 鐵～想道～
□ ムーンライト
□ 沈黙 サイレンス
□ オデッセイ
□ ルーム
■ ズートピア
□ アフタースクール
■ LOVE LETTER
□ マッドマックス 怒りのデスロード
□ 硫黄島からの手紙
□ JUNO/ジュノ
□ 英国王のスピーチ
■ ミックス。★
□ それでもボクはやってない
□ 告白
■ テルマエ・ロマエ
■ バケモノの子
□ ダークシャドウ
■ ベイマックス
■ マレフィセント
□ 白ゆき姫殺人事件
□ 終わった人
■ 重力ピエロ
□ 友罪
■ ミュージアム
□ 8年越しの花嫁
□ シェイプ・オブ・ウォーター
□ 聲の形
□ 銀魂
□ ミス・ペレグリンと奇妙なこどもたち
□ ファンタスティックビースト
□ アサシン クリード
■ しあわせのパン
□ 64 ロクヨン
□ 世界から猫が消えたなら
□ 家に帰ると妻が必ず死んだふりをしています
■ ホーンテッド・マンション
□ ダ・ヴィンチコード
□ 武士の家計簿
□ パラダイス・キス

観たらチェック。観た日を記録しても◎

タイトルだけを書き出します。あまり同名タイトルもないので困りません

58

年末に向けた大掃除リスト

まずメモ紙を持って家の中をウロウロ。掃除をしようと思う場所を殴り書きでいいので全て書き出します。

まず、出来る、出来ない、やりたい、やりたくないは気にせず、目についた箇所を全部書き出します

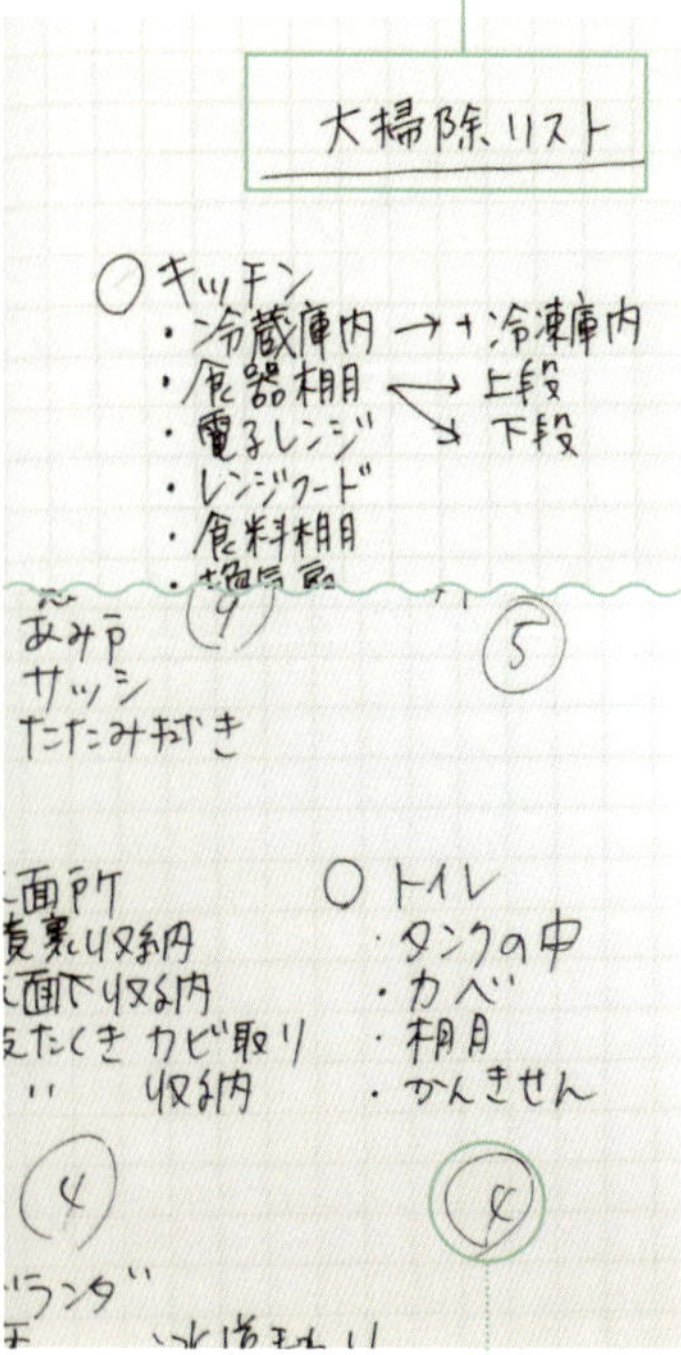
大掃除リスト
○キッチン
・冷蔵庫内 → ・冷凍庫内
・食器棚 上段 下段
・電子レンジ
・レンジフード
・食料棚
あみ戸
サッシ
5
○トイレ
・タンクの中
・カベ
・棚
・かんきせん
4

何箇所あるかわかったら、それに合わせて表を作ります

「大掃除リスト」と書くよりクリーンでスタイリッシュです

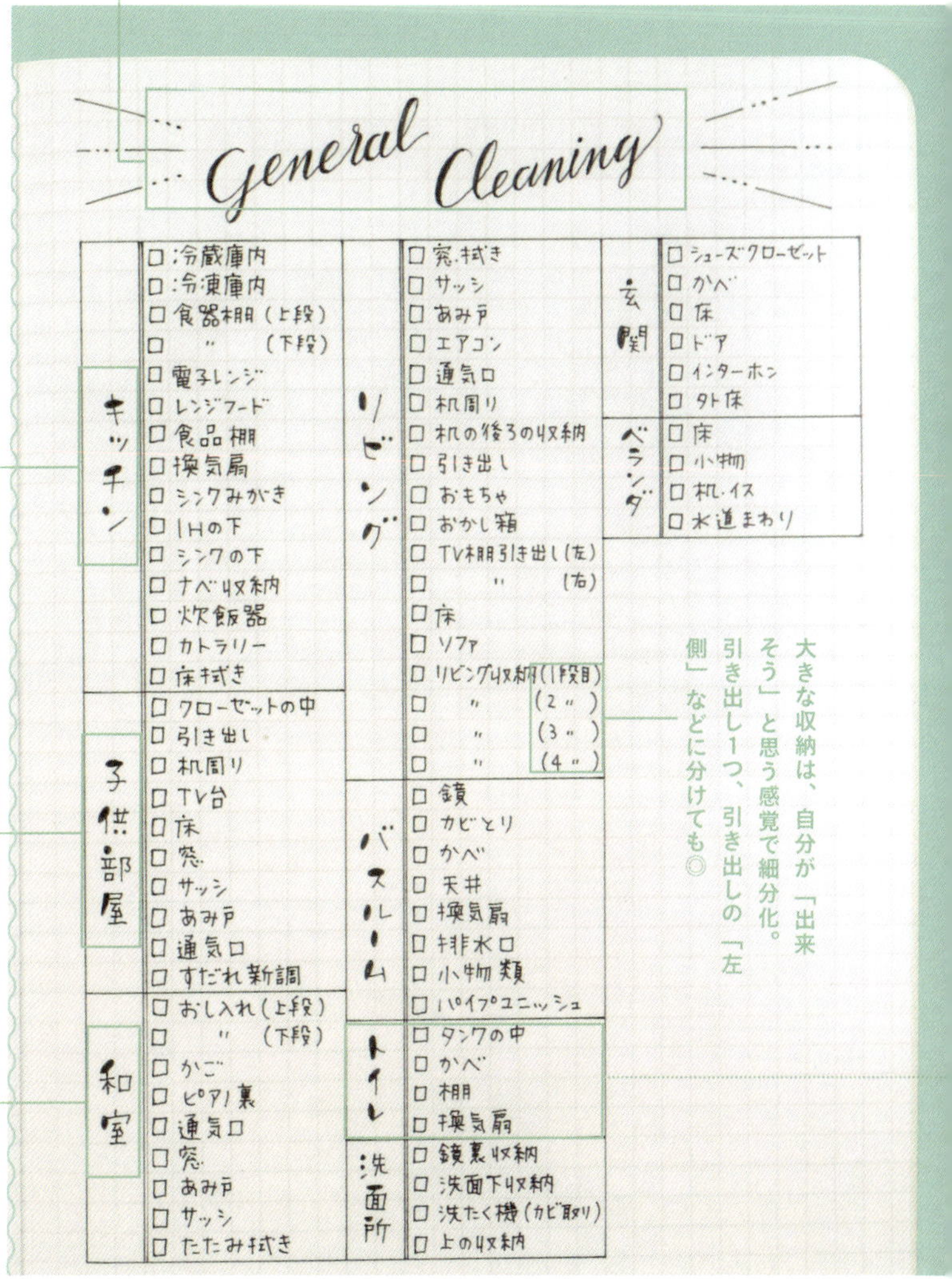

General Cleaning
キッチン
□ 冷蔵庫内
□ 冷凍庫内
□ 食器棚（上段）
□ 〃 （下段）
□ 電子レンジ
□ レンジフード
□ 食品棚
□ 換気扇
□ シンクみがき
□ IHの下
□ シンクの下
□ ナベ収納
□ 炊飯器
□ カトラリー
□ 床拭き
子供部屋
□ クローゼットの中
□ 引き出し
□ 机周り
□ TV台
□ 床
□ 窓
□ サッシ
□ あみ戸
□ 通気口
□ すだれ新調
和室
□ おし入れ（上段）
□ 〃 （下段）
□ かご
□ ピアノ裏
□ 通気口
□ 窓
□ あみ戸
□ サッシ
□ たたみ拭き
リビング
□ 窓拭き
□ サッシ
□ あみ戸
□ エアコン
□ 通気口
□ 机周り
□ 机の後ろの収納
□ 引き出し
□ おもちゃ
□ おかし箱
□ TV棚引き出し（左）
□ 〃 （右）
□ 床
□ ソファ
□ リビング収納（1段目）
□ 〃 （2〃）
□ 〃 （3〃）
□ 〃 （4〃）
バスルーム
□ 鏡
□ カビとり
□ かべ
□ 天井
□ 換気扇
□ 排水口
□ 小物類
□ パイプユニッシュ
トイレ
□ タンクの中
□ かべ
□ 棚
□ 換気扇
洗面所
□ 鏡裏収納
□ 洗面下収納
□ 洗たく機（カビ取り）
□ 上の収納
玄関
□ シューズクローゼット
□ かべ
□ 床
□ ドア
□ インターホン
□ 外床
ベランダ
□ 床
□ 小物
□ 机・イス
□ 水道まわり

大きな収納は、自分が「出来そう」と思う感覚で細分化。引き出し1つ、引き出しの「左側」などに分けても◎

まずは部屋ごとにリスト化します。その後メモをもとに細分化していきます

59

叶えたいことをリスト化

書き出すのは新年明けた1月早々に。見直しのタイミングは7月と10月に（残り半年と残り3ヶ月）。欲しいもののリストや読みたい本リスト…など、他のリストにかぶっている項目もあるけど気にしない！

やりたいこと、叶えたいことを100個書き出します。100個以上思いつく人はもっと出しても◎

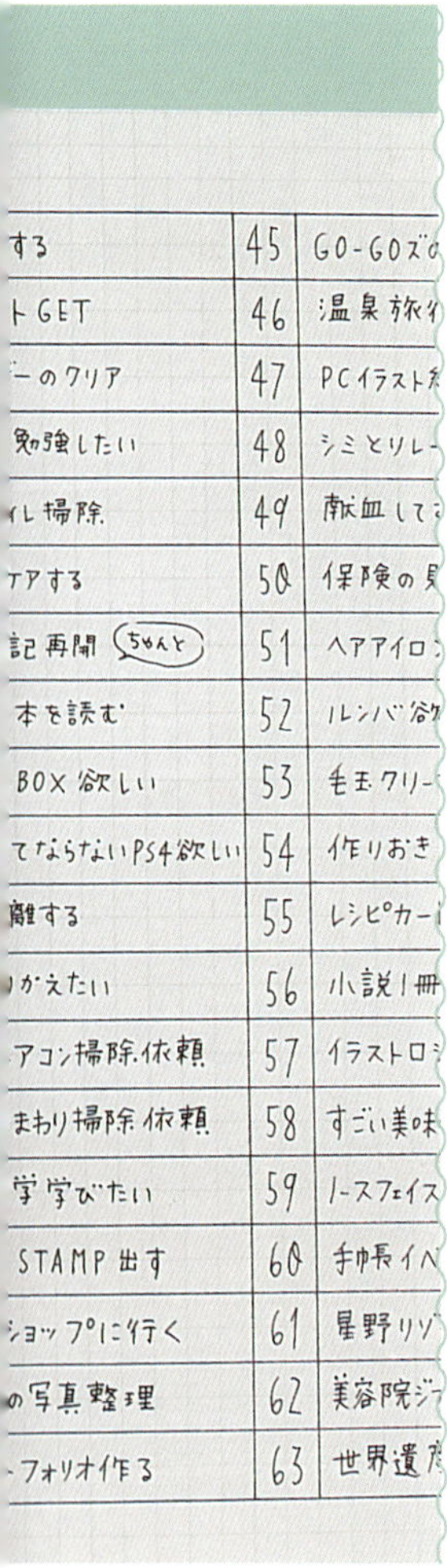

する 45 GO-GOズ
ト GET 46 温泉旅
ーのクリア 47 PCイラスト
勉強したい 48 シミとりレー
イレ掃除 49 献血して
アする 50 保険の
記再開 ちゃんと 51 ヘアアイロ
本を読む 52 ルンバ
BOX 欲しい 53 毛玉クリー
てならないPS4欲しい 54 作りおき
離する 55 レシピカー
かえたい 56 小説1冊
アコン掃除依頼 57 イラストロ
まわり掃除依頼 58 すごい美味
学学びたい 59 ノースフェイス
STAMP 出す 60 手帳イベ
ショップに行く 61 星野リゾ
の写真整理 62 美容院
フォリオ作る 63 世界遺

WISH LIST という呼び方の他に「叶えることリスト」「夢リスト」などなど好きなタイトルで書いていいと思います

365
100
WISH
List
1 オリジナル手帳作る
2 沖縄旅行に行く
3 富士山に登る
4 資格をとる
5 年100万円貯める
6 本を出版する
7 5kgやせる
8 北海道行く
9 自宅脱毛器欲しい
10 ダイソン掃除機欲しい
11 ディズニーシー行く
12 毛穴なくす
13 婦人系がン検診行く
14 出雲大社へ行く
15 伊勢神宮へ行く
16 月イチ映画館
17 色の勉強をする
18 使ってない家具を処分
19 防災グッズ完ペキにする
20 JXの試合観に行く
21 化粧ちゃんとして生活
22 家計ボをちゃんとつける
23 毎日6h以上寝る
24 イラストの仕事をしたい
25 テプラ欲しい
WISH

「行かなきゃ…」で忘れていたこともリストを見返すことで、「行く」を実行するきっかけになります

60

家族の通院記録

意外と忘れやすい病歴。「去年インフルエンザかかったっけ？ 一昨年だったっけ？」などを防ぐために役立ちます。

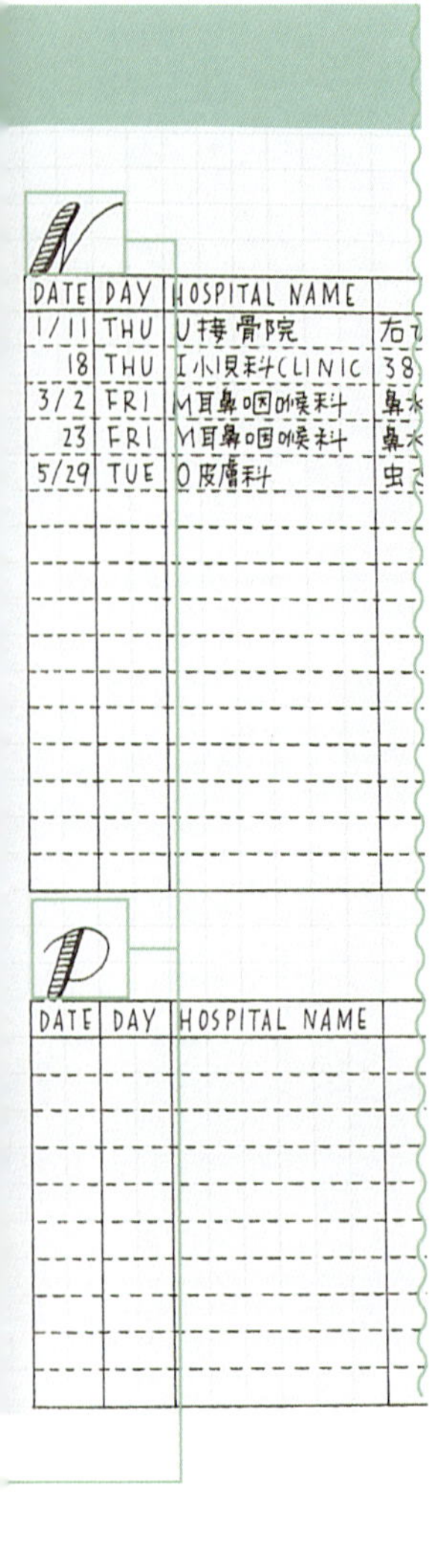

「attend a hospital」でも◎

365

go to Hospital

2018.1.1 ~ 2018.12.31

R

DATE	DAY	HOSPITAL NAME	SYMPTOM	RESULT
1/31	FRI	YこどもCLINIC	39.8°Cの熱	インフルエンザA型
3/2	FRI	M耳鼻咽喉科	鼻水	花粉症
23	FRI	M耳鼻咽喉科	鼻水	花粉症＋風邪
4/17	TUE	M耳鼻咽喉科	咳	花粉症
5/29	TUE	O皮膚科	足にブツブツ	水イボ
6/5	TUE	O皮膚科	かゆみ.カサカサ	水イボ・あせも
7/20	FRI	YこどもCLINIC	39.4°Cの熱	溶連菌
23	MON	YこどもCLINIC	経過観察	治癒証明もらう
8/10	FRI	YこどもCLINIC	溶連菌の尿検査提出	

M

DATE	DAY	HOSPITAL NAME	SYMPTOM	RESULT
3/2	FRI	M耳鼻咽喉科	鼻水・くしゃみ	花粉症
23	FRI	M耳鼻咽喉科	鼻水・くしゃみ	花粉症（薬のみ）

家族のイニシャルで個別に記録。
MはママのM。PはパパのP

61

その日の感情を色分け

一日をどのような気分、感情が占めていたかを色分けで記録。良い感情を暖色系、ネガティブな感情を寒色系で塗ると、何系の色が多いかで自分の日々の気分が一目瞭然です。

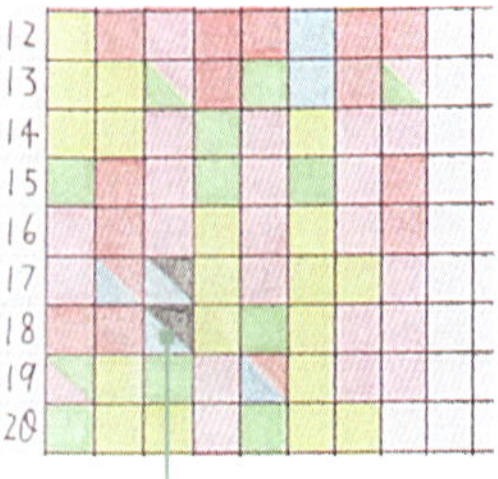

一日に2種以上の感情があり、どちらかに決められない場合は、斜線で色を塗り分けます

- すばらしい一日
- 幸せ、楽しかった
- 普通の日
- 疲れた
- 悲しい
- 怒り

月の英語の頭文字を使用してデザイン。1月はJanuaryの「J」、2月はFebruaryの「F」…

全部塗れると圧巻です

62

就寝・起床時間の記録

24:00以降に寝ると、翌日の体調がすこぶる悪い私。就寝時間を記録することで自分の体調管理につなげています。

眠りの内容を記号・コメントで記録

項目	記録内容	夢を見た	夢を見てない
夢	夢を見たか	○	×

項目	記録内容	とても良い	良い	普通	悪い
質	よく眠れたか	◎	○	△	×

項目	記録内容	起きた	起きてない
間	夜中に目が覚めたか	○	×

項目	起きたときの感想
寝起き	スッキリ、ねむい、ボーなど

19時前にはさすがに寝ないので省いています。昼寝する方は24時間表でも◎

Sleep Log

		起床	就寝	19 20 21 22 23 0 1 2 3 4 5 6 7 8 9	夢	質	間	寝起き
1	S	5:30	23:30		○	◎	×	スッキリ
2	M	6:30	23:00		○	○	○	スッキリ
3	T	6:30	23:30		×	○	○	ボ——
4	W	6:30	23:00		○	△	×	フツ —
5	T	6:30	22:30		○	○	○	〃
6	F	6:30	23:30		○	△	○	ボ——
7	S	5:20	24:00		×	○	×	ねむい
8	S	7:00	23:00		×	△	×	〃
9	M	6:30	24:00		○	○	×	〃
10	T	6:30	23:30		○	△	×	〃
11	W	6:30	23:30		×	○	○	〃
12	T	6:30	24:00		○	×	×	肩いた
13	F	6:30	23:30		○	○	×	ねむい
14	S	6:00	22:00		×	○	○	腰痛い
15	S	5:30	22:30		○	○	×	フツー
16	M	6:30	23:30		○	△	×	フツー
17	T	6:30	23:00		×	◎	×	スッキリ
18	W	6:30	23:00		×	◎	×	〃
19	T	6:30	23:30		×	◎	×	〃
20	F	6:30	24:00		×	○	×	ボ——
21	S	7:30	22:30		○	○	×	ねむい
22	S	8:30	23:00		○	△	×	〃
23	M	6:30	23:30		×	○	×	〃
24	T	6:30	23:30		○	○	×	〃
25	W							
26	T							
27	F							

色を塗ってもいいと思います

M-MONDAY　T-TUESDAY
W-WEDNESDAY …曜日です

63

365日の貯金

ゲーム感覚で毎日やることで、いつの間にかお金が貯まるので楽しく続けられます。

毎日開くページになるので、見出しシールをつけると探しやすくなります

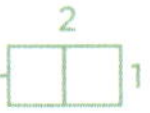

方眼を利用して1×2マスで365日分の枠を作ります

365日貯金を楽しむ

1日1回貯金する金額を左の表から選んで貯金箱へ。入れた金額の数字を塗りつぶし、365日全て塗りつぶした1年後にはトータル66795円貯まります。300円以上のあたりからけっこう大変になるので、バランス良く進めるのがカギとなります。

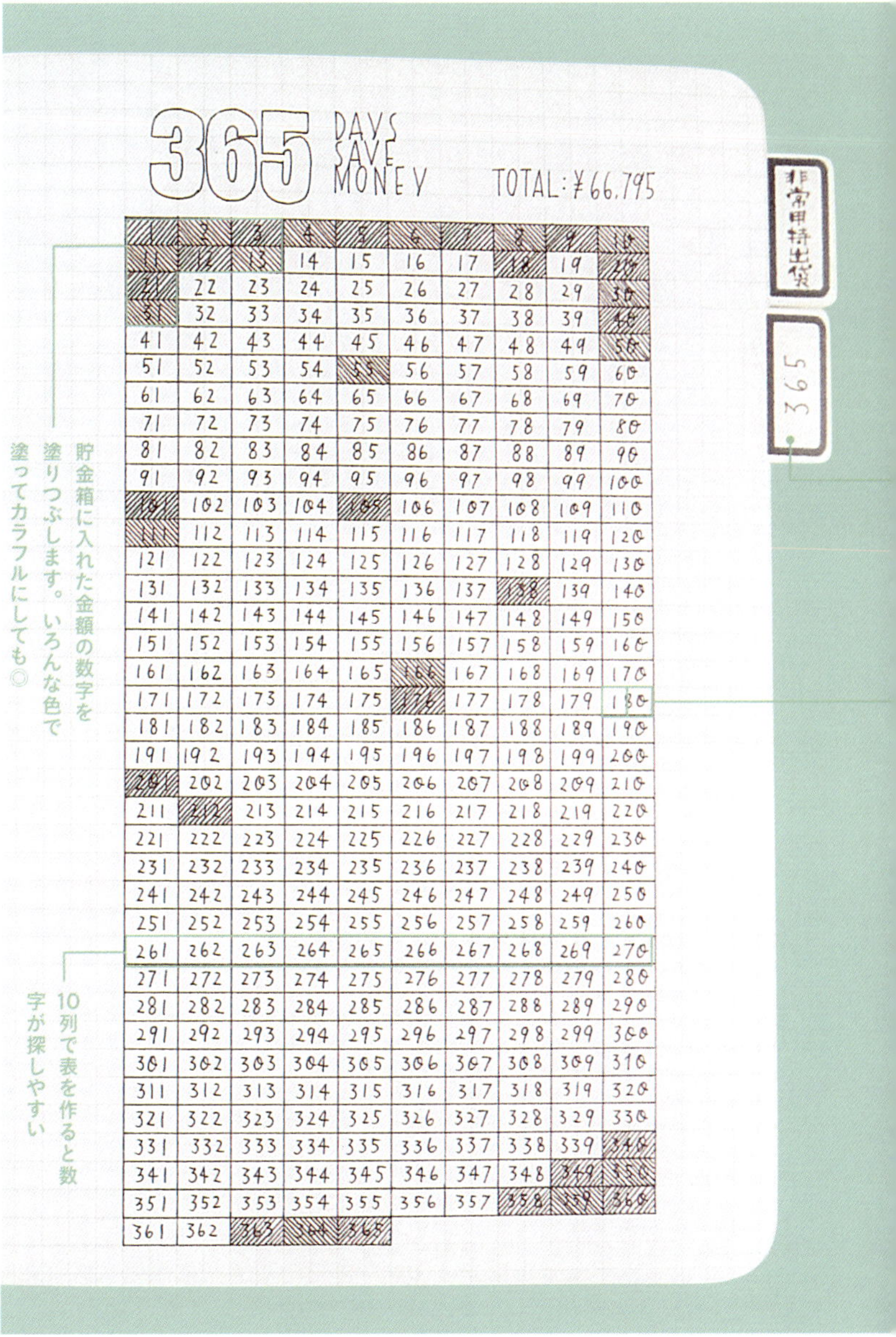
365 DAYS SAVE MONEY
TOTAL: ¥66,795
非常用持出袋
365

1	2	3	4	5	6	7	8	9	10
11	12	13	14	15	16	17	18	19	20
21	22	23	24	25	26	27	28	29	30
31	32	33	34	35	36	37	38	39	40
41	42	43	44	45	46	47	48	49	50
51	52	53	54	55	56	57	58	59	60
61	62	63	64	65	66	67	68	69	70
71	72	73	74	75	76	77	78	79	80
81	82	83	84	85	86	87	88	89	90
91	92	93	94	95	96	97	98	99	100
101	102	103	104	105	106	107	108	109	110
111	112	113	114	115	116	117	118	119	120
121	122	123	124	125	126	127	128	129	130
131	132	133	134	135	136	137	138	139	140
141	142	143	144	145	146	147	148	149	150
151	152	153	154	155	156	157	158	159	160
161	162	163	164	165	166	167	168	169	170
171	172	173	174	175	176	177	178	179	180
181	182	183	184	185	186	187	188	189	190
191	192	193	194	195	196	197	198	199	200
201	202	203	204	205	206	207	208	209	210
211	212	213	214	215	216	217	218	219	220
221	222	223	224	225	226	227	228	229	230
231	232	233	234	235	236	237	238	239	240
241	242	243	244	245	246	247	248	249	250
251	252	253	254	255	256	257	258	259	260
261	262	263	264	265	266	267	268	269	270
271	272	273	274	275	276	277	278	279	280
281	282	283	284	285	286	287	288	289	290
291	292	293	294	295	296	297	298	299	300
301	302	303	304	305	306	307	308	309	310
311	312	313	314	315	316	317	318	319	320
321	322	323	324	325	326	327	328	329	330
331	332	333	334	335	336	337	338	339	340
341	342	343	344	345	346	347	348	349	350
351	352	353	354	355	356	357	358	359	360
361	362	363	364	365					

貯金箱に入れた金額の数字を塗りつぶします。いろんな色で塗ってカラフルにしても◎

10列で表を作ると数字が探しやすい

64

お付き合いリスト
もらったもの・贈ったもの

結構忘れやすい贈答リスト。「何もらったっけ？」「お返しした？」の大事な忘れを防ぐため、日々の記録が重要です。

DATE	いただいた日付
NAME	誰からいただいたか
REASON	理由
GOODS	何をいただいたか
RETURN MEMO	何をお返ししたか

DATE	贈り物をした日付
NAME	誰に贈ったか
REASON	理由
GOODS	何を贈ったか
MEMO	メモ書き

娘からのものはイニシャルで記録しておいてあげると、翌年のプレゼント選びに役立ちます

365

おつきあい MEMO

☺ いただきもの

DATE	NAME	REASON	GOODS	RETURN MEMO
1/15	K子ちゃん	おすそ分け	みかん	りんご
2/2	母	仕送り	米	—
21	S子ちゃん	おすそ分け	煮物おかず	おかし(クッキー)
3/20	母	仕送り	お菓子	—
4/10	Rちゃん	おすそ分け	野菜	おかし(クッキー)
12	Kちゃん	おみやげ	おかし	おみやげ返し
5/12	Kちゃん	おみやげ	おかし	おみやげ返し
13	Mちゃん	おみやげ	おかし	おみやげ返し
13	Rちゃん	おみやげ	おかし	おみやげ返し

☺ さしあげたもの

DATE	NAME	REASON	GOODS	MEMO
2/8	Kちゃん	誕生日プレゼント	文房具	N
3/10	Kちゃん	おすそ分け	野菜	
3/26	Aくん	送別品	タオル	
4/12	Mちゃん	誕生日プレゼント	ポーチ	N
15	S	誕生日プレゼント	文房具	N
5/12	Kちゃん	おみやげ	おかし	
13	Mちゃん	おみやげ	おかし	
13	Rちゃん	おみやげ	おかし	
8/20	Kちゃん	おみやげ	おかし	
23	Mちゃん	おみやげ	米	
24	Rちゃん	おみやげ	米	
28	M美ちゃん	おみやげ	米	

65

緊急時の連絡先

緊急時スマホが使えないとき、必ずアナログ情報が必要になります。いつも使っているノートに書いておけば「どこやったっけ？」がなくなります。

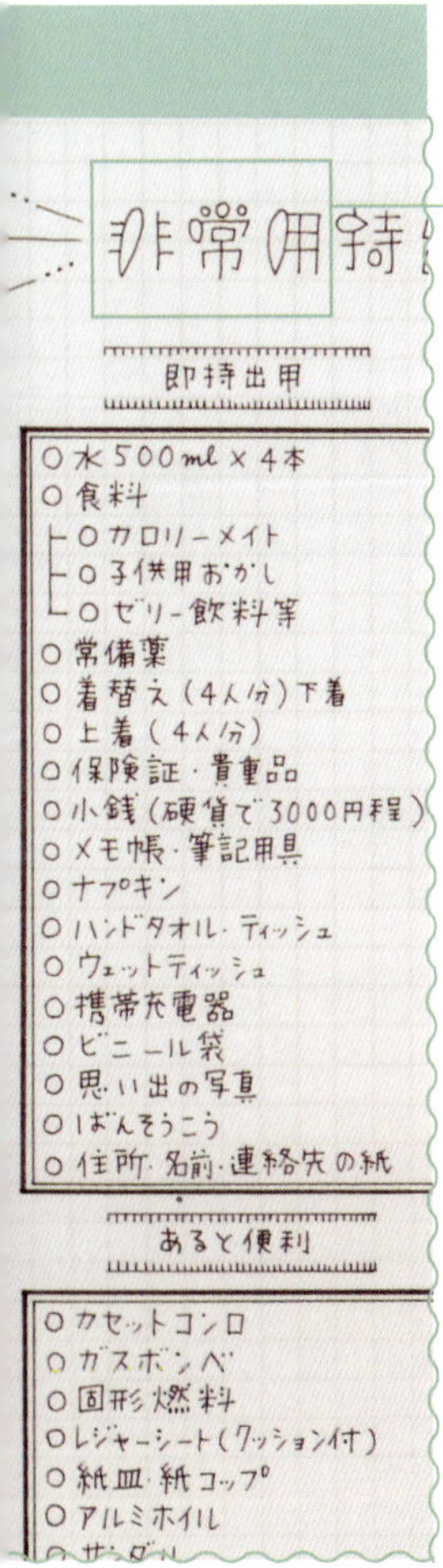

隣ページと同じフォントで統一すれば日本語見出しもかわいい！

Point

家族みんなに、各々の携帯番号、学校、会社などの緊急連絡先を書いた名刺サイズのカードを持たせています

英語にしたらわかりづらそうな複雑なタイトルなどは、そのまま日本語でも

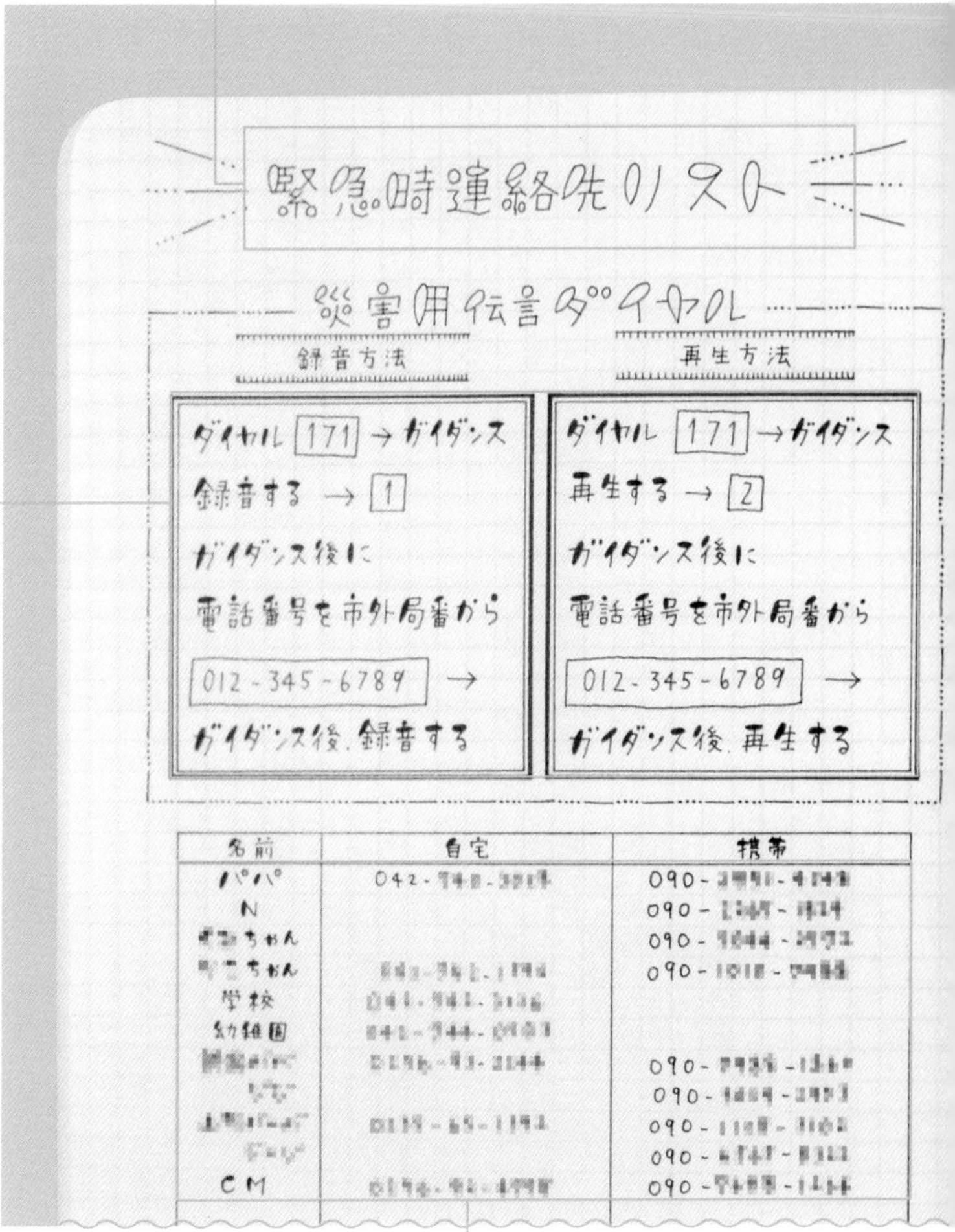

家族で決めた「いざというとき」の連絡手段。慌てたときのために、しっかり手順をメモしておきます

重要な電話番号はノートに記入しておきます

66

家計簿を組み込んだマンスリーカレンダー

手帳を書くのは大好きで苦労なく続けられるのに、家計簿がどうしても続きません。「なぜ…」と思ったことから、家計簿をバレットジャーナルに組み込むことに。

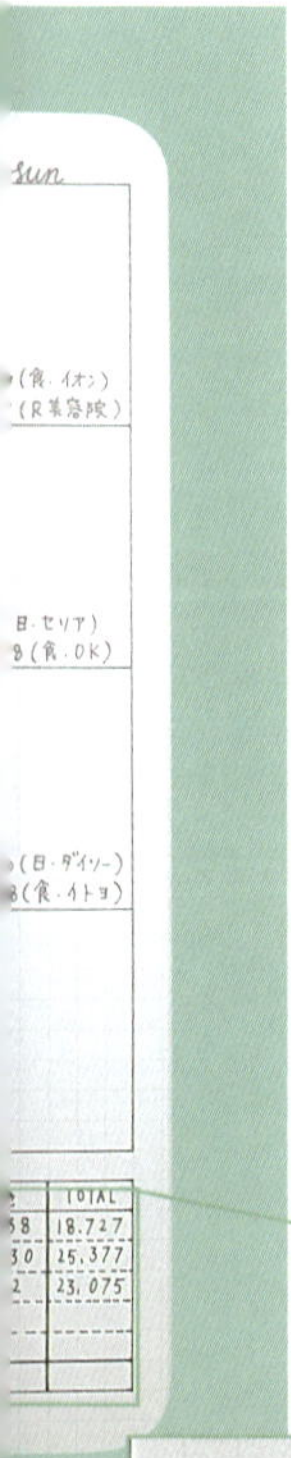

	食費	日用品	外食	教育費	他	TOTAL
1 w	10,867	1,202	3,920		2.738	18.727
2 w	13.749	3,835		2,963	4.830	25,377
3 w	15,265	2.798	3,860	1000	152	23,075
4 w						
5 w						
TOTAL						

項目ごとに週・月で使用した合計金額が計算できるようになっています

カテゴリーを細かく分けすぎると項目が増え面倒になるため、はじめはざっくりとしたカテゴリーで管理するのが◎。私は5つのカテゴリーに分けています

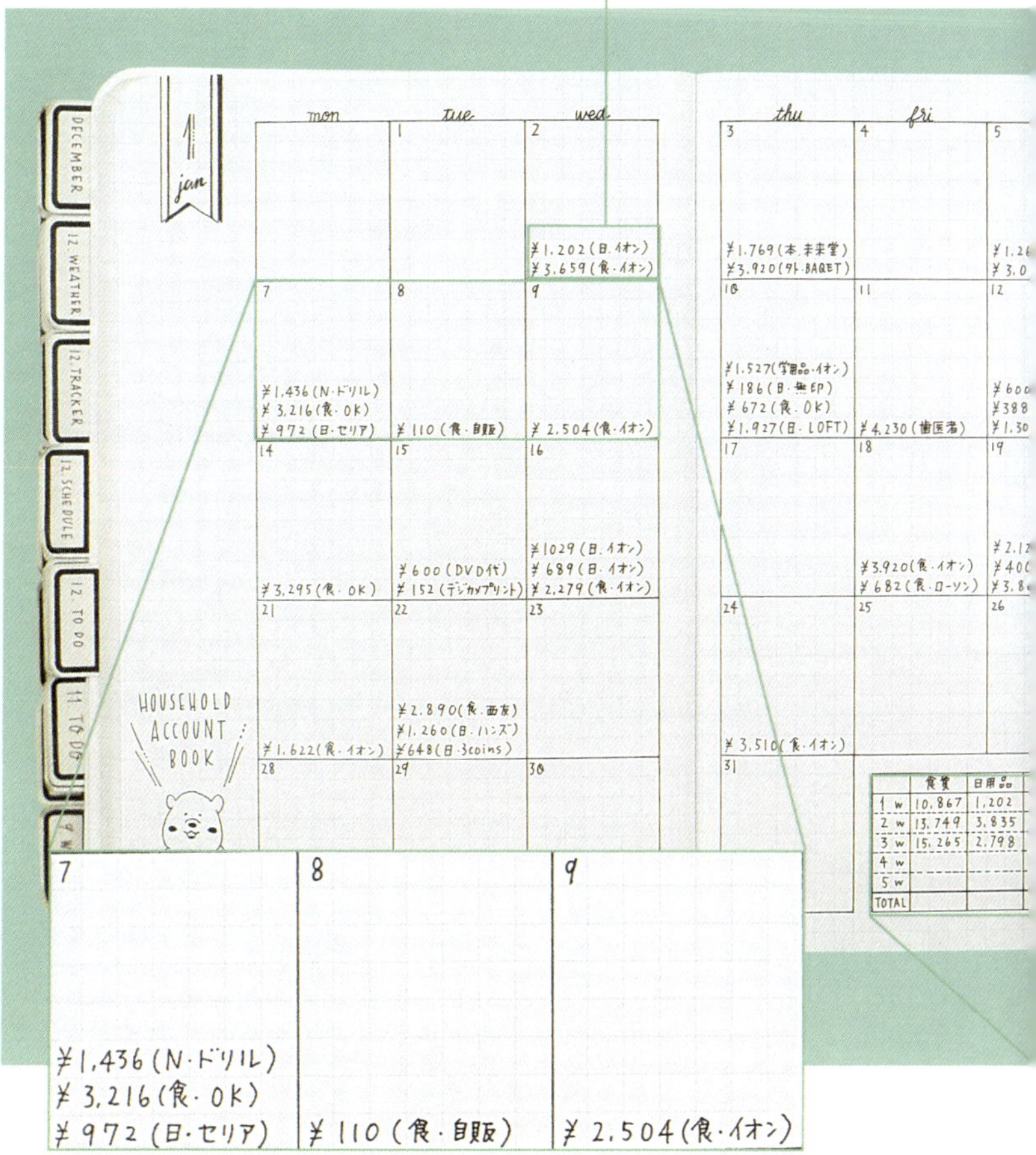

ひとまずレシートの金額だけでも、と思いマンスリーカレンダーを別に作ってレシートの店名と料金（食料・日用品）だけを記録しています

67

絵の練習を兼ねた食べ物記録

目の前にある物を模写するのが好きです。紙とペンがあったらいつでも絵を描いていたい……ノートに残すことで、ゴミ箱行きにならないし、絵も上達するので、食べ物、持ち物などは絵で記録するようにしています。

落書きも ノートに残す

せっかく上手に描けた落書きもコピー用紙やチラシの裏に描いてしまったら、とっておきたいなと思っても高い確率でゴミ箱行きになってしまいます。もったいない！

それなら「落書き＝絵の練習」と「記録」を兼ねてしまおう。そう思って、私のバレットジャーナルには絵がたくさん描かれています。

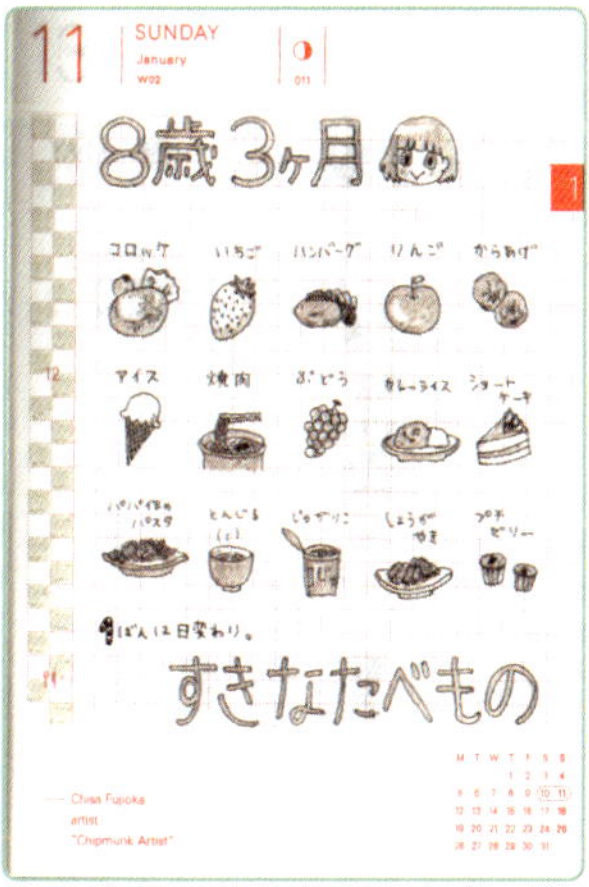

Weeklyのしろくまもそのひとつですが、「鞄の中身」「ポーチの中身」「子どものそのときに好きな食べ物」など1ページにまとめて描いたシリーズは、後から見返しても楽しいし大切な記録です

3年後

68

欲しいものやお気に入りのものをリストに

物欲が収まらないとき、イラストにすることで満足して収まることも。

イラスト化することでなおさら欲しくなったり、「やっぱりいらないかも」となったり…自分の欲を可視化することで取捨選択できます

念願叶って手に入れたものは、斜線で塗りつぶします

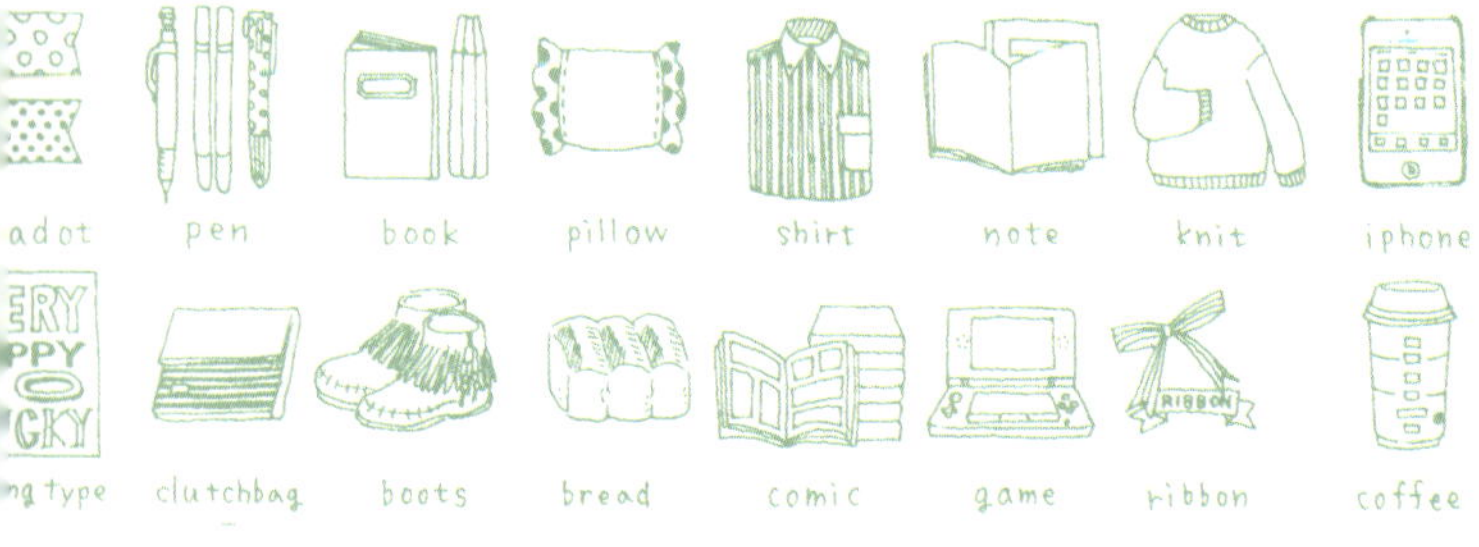
pen
book
pillow
shirt
note
knit
iphone
clutchbag
boots
bread
comic
game
RIBBON
ribbon
coffee

ハンドレタリング風にして見出し自体もイラスト化

ずっと欲しくて何年も描き写しているものもあります

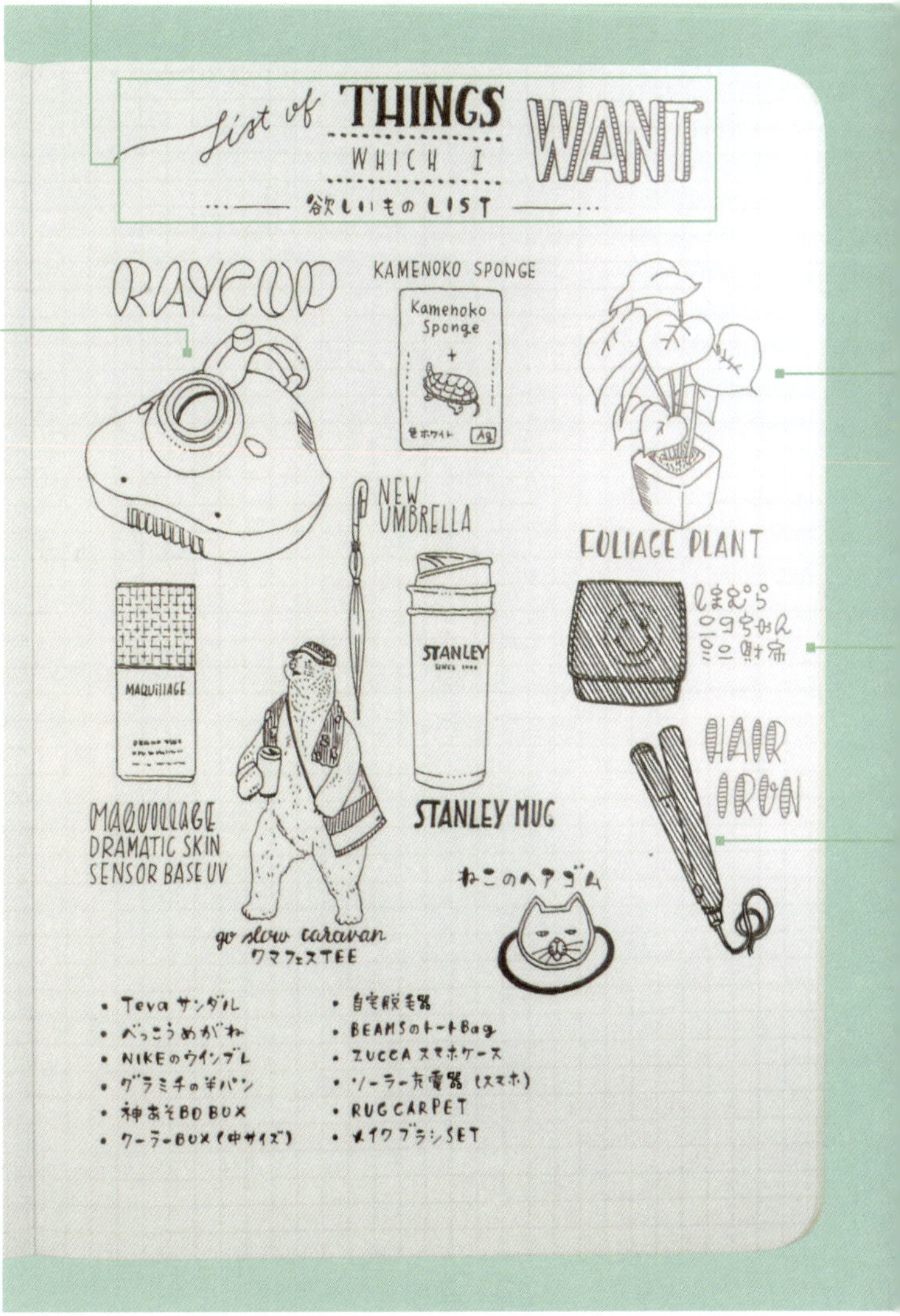

69

献立リストを作る

毎日の献立決めはとっても大変です。過去に作ったことのあるレシピを忘れていることも多々……リストから選んで作るようになったら、献立決めに時間をとられなくなりました。

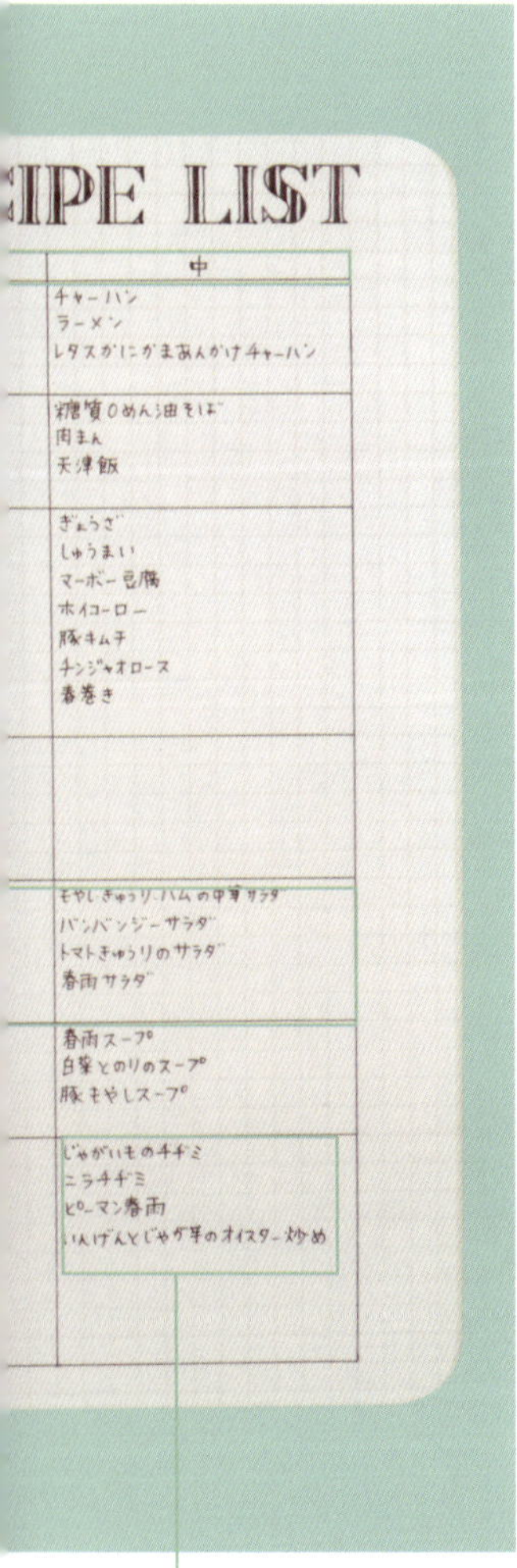

ネットレシピから作った新作も、好評だったら忘れないうちに追加で記録していきます

料理のイメージで、なんとなく「和→和食」「洋→洋食」「中→中華」に分類します。分類は自分だけがわかればOK！

好みで分類しておきます

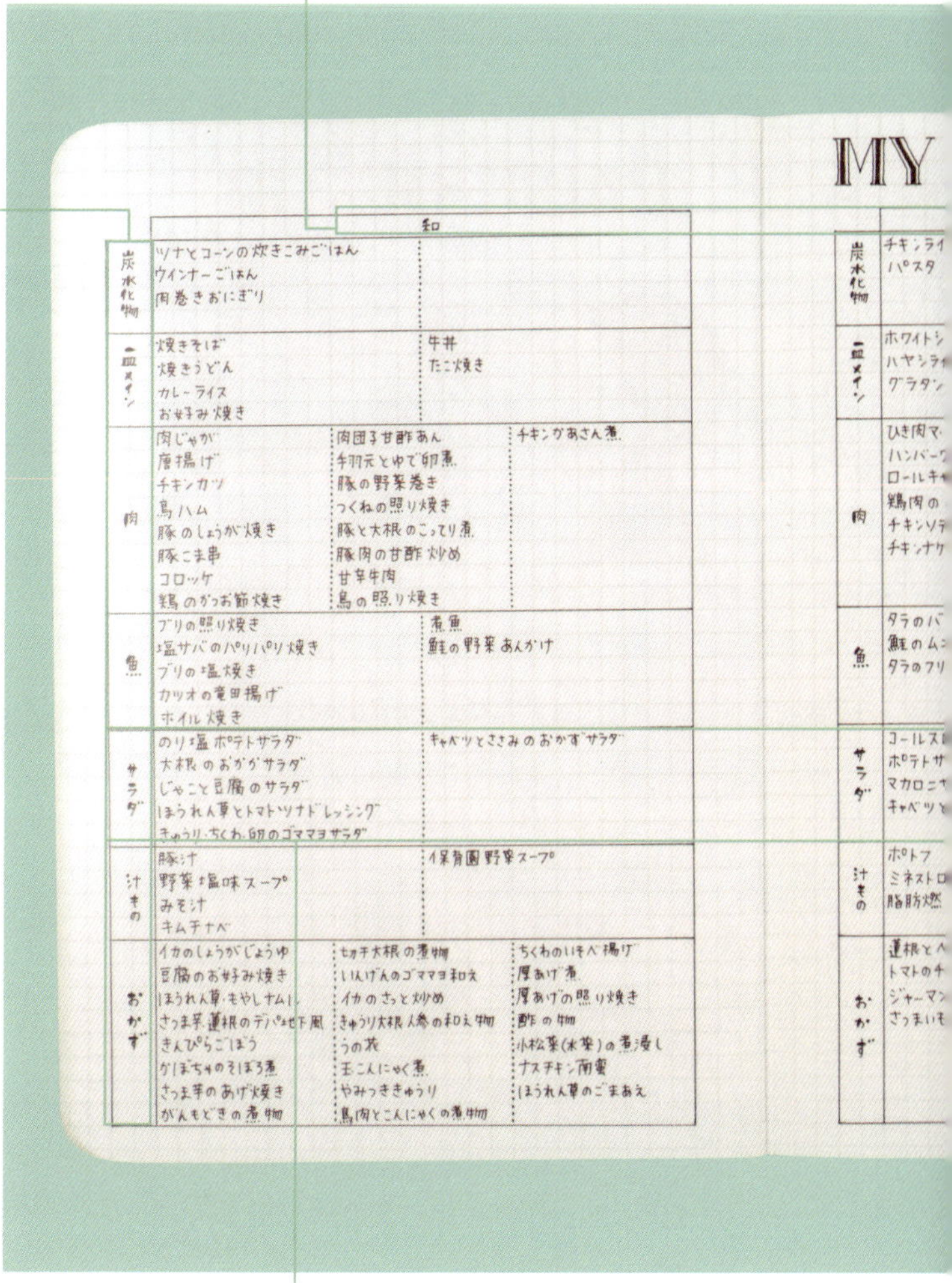

	和		
炭水化物	ツナとコーンの炊きこみごはん ウインナーごはん 肉巻きおにぎり		
一皿メイン	焼きそば 焼きうどん カレーライス お好み焼き	牛丼 たこ焼き	
肉	肉じゃが 唐揚げ チキンカツ 鳥ハム 豚のしょうが焼き 豚こま串 コロッケ 鶏のかつお節焼き	肉団子甘酢あん 手羽元とゆで卵煮 豚の野菜巻き つくねの照り焼き 豚と大根のこってり煮 豚肉の甘酢炒め 甘辛牛肉 鳥の照り焼き	チキンかあさん煮
魚	ブリの照り焼き 塩サバのパリパリ焼き ブリの塩焼き カツオの竜田揚げ ホイル焼き	煮魚 鮭の野菜あんかけ	
サラダ	のり塩ポテトサラダ 大根のおかかサラダ じゃこと豆腐のサラダ ほうれん草とトマトツナドレッシング きゅうり・ちくわ・卵のゴママヨサラダ	キャベツとささみのおかずサラダ	
汁もの	豚汁 野菜塩味スープ みそ汁 キムチナベ	保育園野菜スープ	
おかず	イカのしょうがじょうゆ 豆腐のお好み焼き ほうれん草・もやしナムル さつま芋・蓮根のデパ地下風 きんぴらごぼう かぼちゃのそぼろ煮 さつま芋のあげ焼き がんもどきの煮物	切干大根の煮物 いんげんのゴママヨ和え イカのさっと炒め きゅうり大根人参の和え物 うの花 玉こんにゃく煮 やみつききゅうり 鳥肉とこんにゃくの煮物	ちくわのいそべ揚げ 厚あげ煮 厚あげの照り焼き 酢の物 小松菜(水菜)の煮浸し ナスチキン南蛮 ほうれん草のごまあえ

MY

炭水化物	チキンライ パスタ
一皿メイン	ホワイトシ ハヤシライ グラタン
肉	ひき肉マ ハンバーグ ロールキャ 鶏肉の チキンソテ チキンナゲ
魚	タラのバ 鮭のムニ タラのフリ
サラダ	コールスロ ポテトサ マカロニサ キャベツと
汁もの	ポトフ ミネストロ 脂肪燃
おかず	蓮根とベ トマトのチ ジャーマン さつまいも

横並びにリストを作っておくと「サラダ何を作ろうかな」と思ったときに、選びやすいです

70 テンションアップリストを作る

自分のテンションが上がることの中で比較的簡単にできることを1日ひとつずつ当てはめたカレンダー。「今日はアレをやる日」と思うことで、朝からいい気分で過ごすことができます。

マンスリーカレンダーに書いてもいいけれど、少し違ったデザインにすれば書くときも見直すときも、上がります！

「簡単にすぐできること」で「うれしいこと」をあげておく

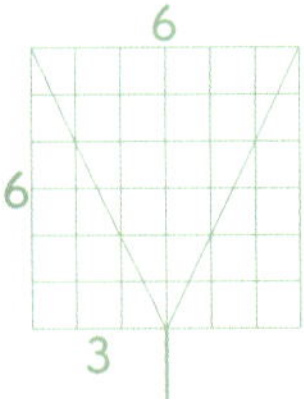

6×6マスの四角の中に三角を描きます。とがった角に日付を書く

この丸の描き方は、マスキングテープのロールの円を鉛筆でなぞって、その内側を方眼の四角ごとに縦線・横線を交互に塗りつぶしただけです

「RAISE ME UP」は直訳で
「自分を上げる」カレンダー

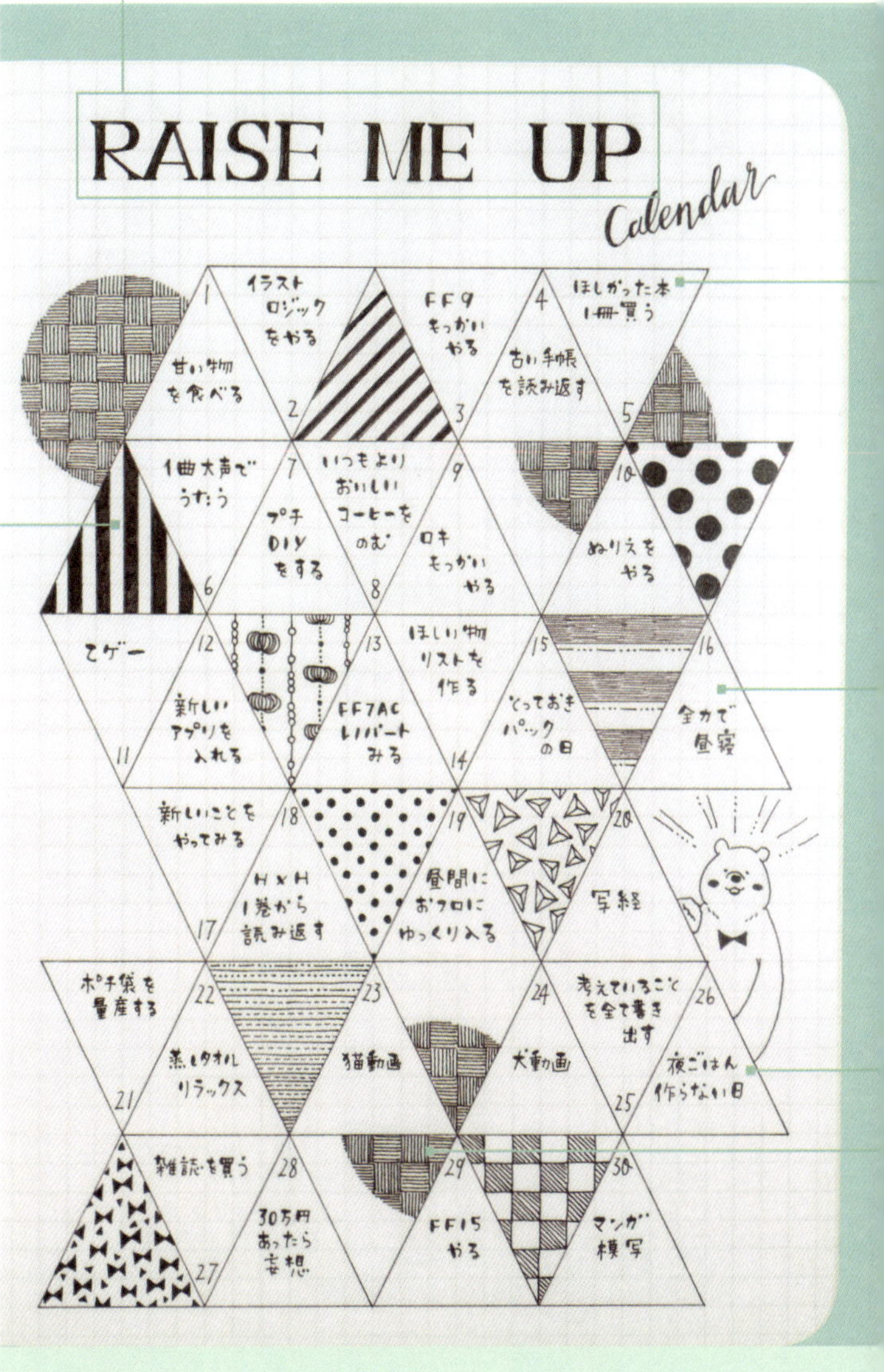

文字だけにするより時々簡単な模様をはさむとかわいい

71

好きなアーティストのスケジュール化

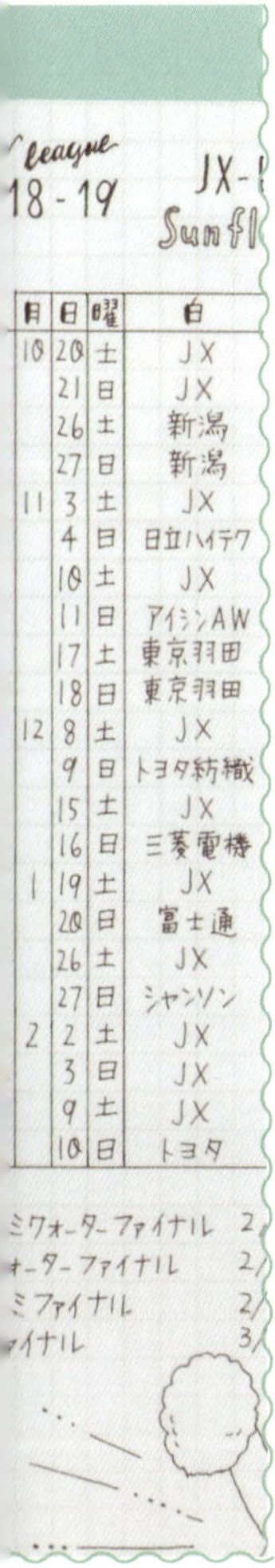

ミニバスをしている娘と一緒に試合の動画を見るうちに自分の方がはまってしまって、今年は必ず日本リーグの試合を見に行くのが親子の目標に。好きなアーティストや好きなスポーツの記録を残すとスケジュールを立てやすいです。

好きなアーティストのツアースケジュールやセットリストを記録しても◎

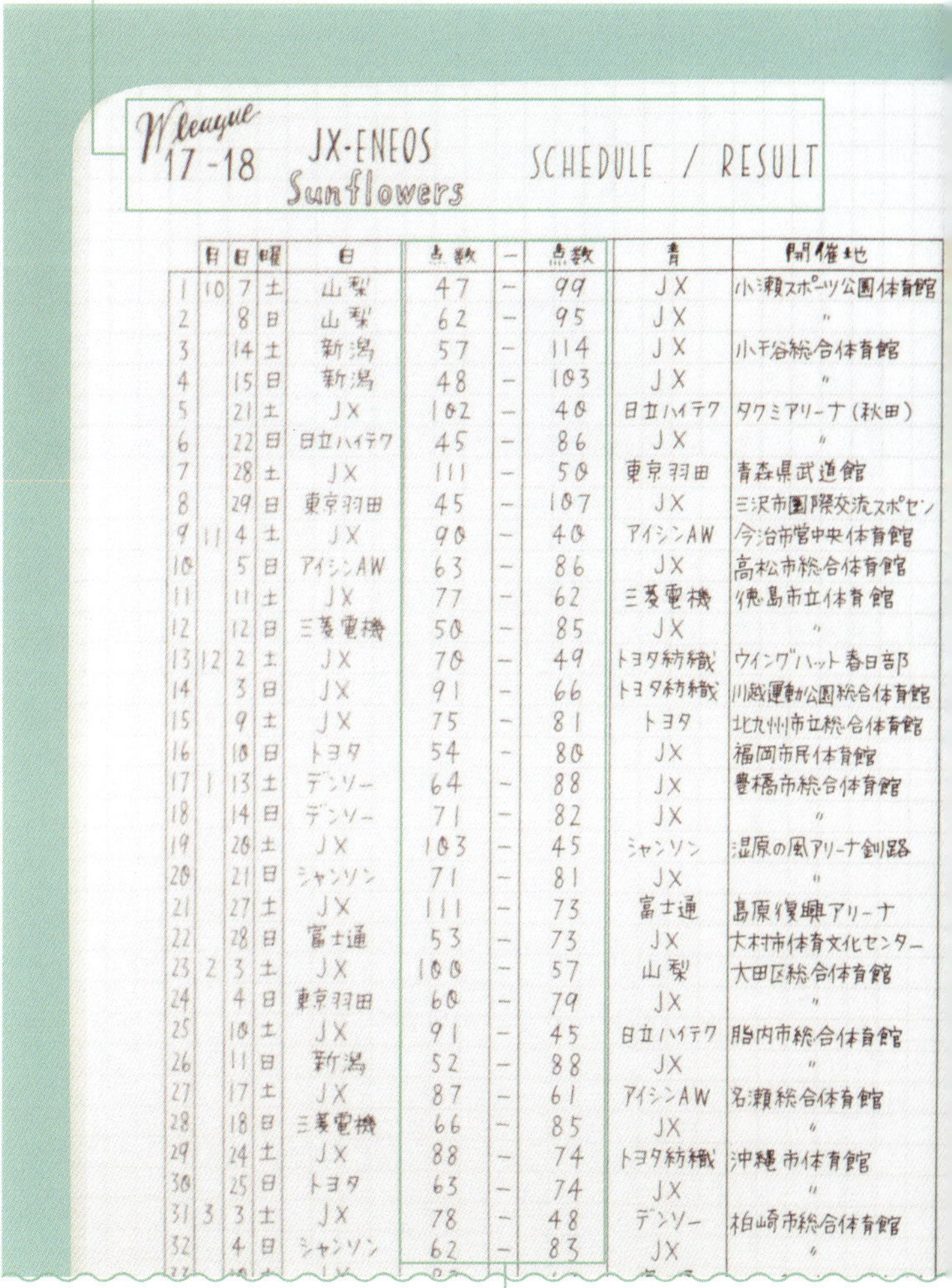
W league 17-18 JX-ENEOS Sunflowers SCHEDULE / RESULT

	月	日	曜	白	点数	—	点数	青	開催地
1	10	7	土	山梨	47	—	99	JX	小瀬スポーツ公園体育館
2		8	日	山梨	62	—	95	JX	〃
3		14	土	新潟	57	—	114	JX	小千谷総合体育館
4		15	日	新潟	48	—	103	JX	〃
5		21	土	JX	102	—	40	日立ハイテク	タクミアリーナ（秋田）
6		22	日	日立ハイテク	45	—	86	JX	〃
7		28	土	JX	111	—	50	東京羽田	青森県武道館
8		29	日	東京羽田	45	—	107	JX	三沢市国際交流スポセン
9	11	4	土	JX	90	—	40	アイシンAW	今治市営中央体育館
10		5	日	アイシンAW	63	—	86	JX	高松市総合体育館
11		11	土	JX	77	—	62	三菱電機	徳島市立体育館
12		12	日	三菱電機	50	—	85	JX	〃
13	12	2	土	JX	70	—	49	トヨタ紡織	ウイングハット春日部
14		3	日	JX	91	—	66	トヨタ紡織	川越運動公園総合体育館
15		9	土	JX	75	—	81	トヨタ	北九州市立総合体育館
16		10	日	トヨタ	54	—	80	JX	福岡市民体育館
17	1	13	土	デンソー	64	—	88	JX	豊橋市総合体育館
18		14	日	デンソー	71	—	82	JX	〃
19		20	土	JX	103	—	45	シャンソン	湿原の風アリーナ釧路
20		21	日	シャンソン	71	—	81	JX	〃
21		27	土	JX	111	—	73	富士通	島原復興アリーナ
22		28	日	富士通	53	—	73	JX	大村市体育文化センター
23	2	3	土	JX	100	—	57	山梨	大田区総合体育館
24		4	日	東京羽田	60	—	79	JX	〃
25		10	土	JX	91	—	45	日立ハイテク	胎内市総合体育館
26		11	日	新潟	52	—	88	JX	〃
27		17	土	JX	87	—	61	アイシンAW	名瀬総合体育館
28		18	日	三菱電機	66	—	85	JX	〃
29		24	土	JX	88	—	74	トヨタ紡織	沖縄市体育館
30		25	日	トヨタ	63	—	74	JX	〃
31	3	3	土	JX	78	—	48	デンソー	柏崎市総合体育館
32		4	日	シャンソン	62	—	83	JX	〃

終わった試合の結果
も記録します

坊のあわてん坊なので、
り前に持っていくもの」
いておきます

72

旅行・お出かけ持ち物チェック表

娘のミニバスの試合の引率で参加するときに必要なもの、あったら便利なものをリストアップ。旅行によく行く人は、旅行グッズのリストを作っておくと◎。

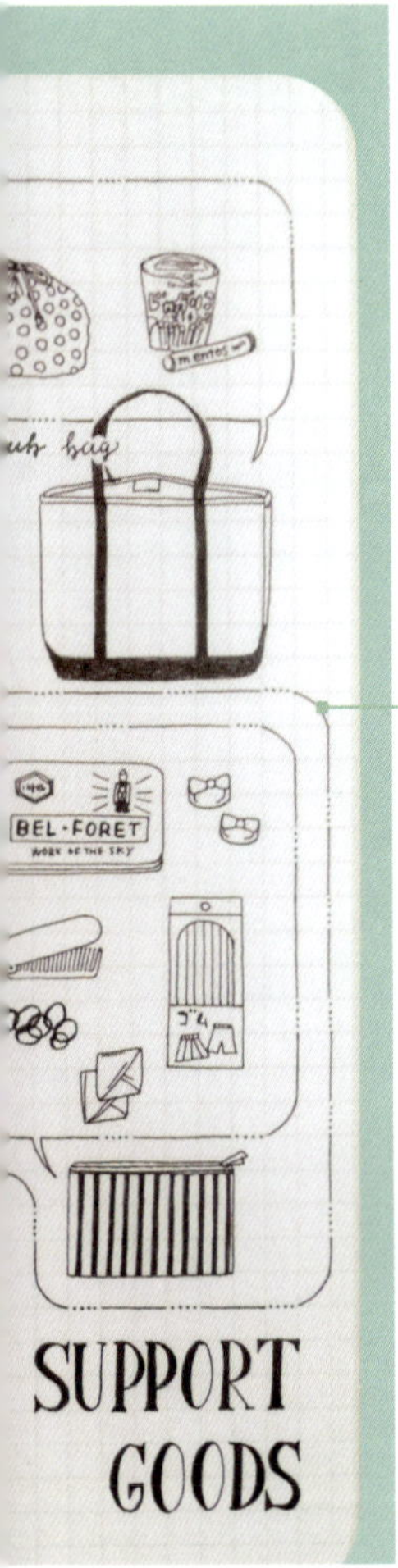

角を丸くするとやわらかい印象に

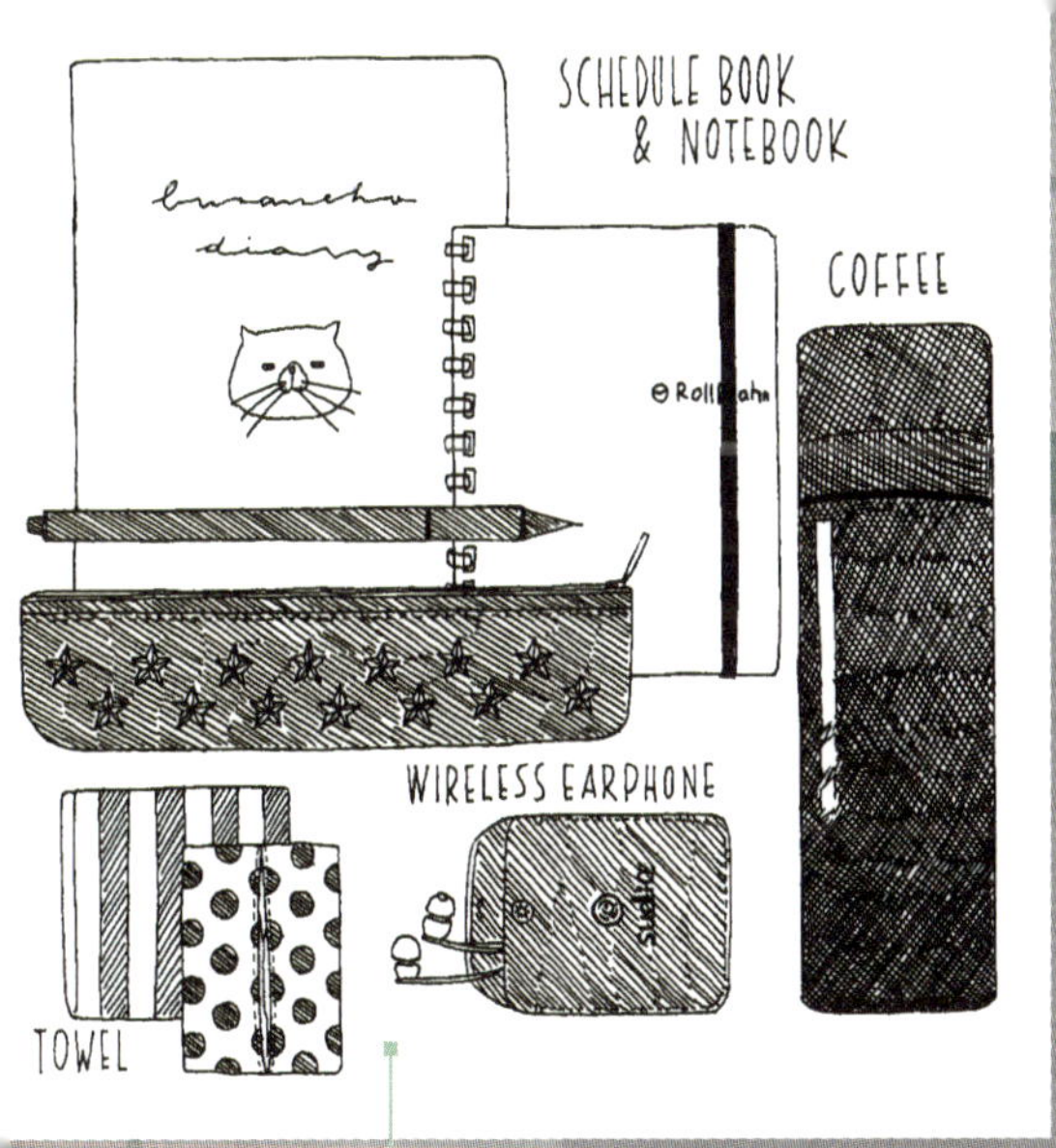

普段の鞄の中身もリストにしておくと、急な外出時にも忘れ物が少なくなります

チェックリストを見ながら毎回漏れのないように準備する

イラストにしておくと、急いで準備しているときでも把握しやすい

73

非常用持ち物チェック表

わが家には近くに川があり、大雨のたびに警報にヒヤヒヤしています。幸いまだ一度も避難したことはないのですが、年に2回、持出袋の中身の見直しをすることを目標にチェックリストを作成しています。

年2回の見直しを決めていてもうっかり忘れてしまうことがあるので、見出しシールをつけて目につきやすい工夫をしています

今年は「子ども用にあると便利」なものをばらばらに書いてしまったので、来年のノートに書き写すときはきちんと分類します

「Emergency bag」と書いてもいいですが、
パッと見てちゃんと把握したい大事な見出しや
ページはあえて日本語で書いています

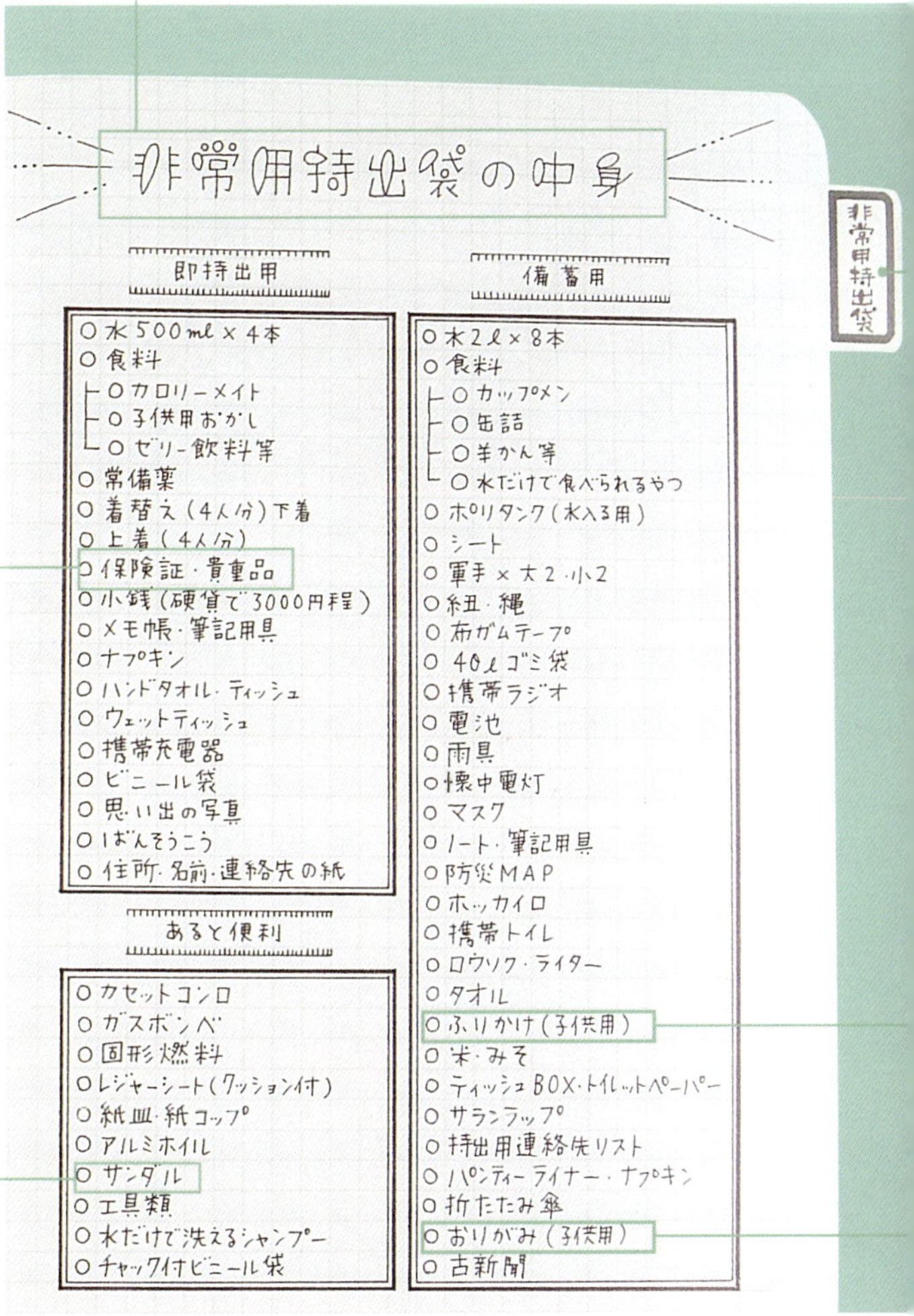

非常用持出袋の中身

非常用持出袋

即持出用

- ○水500ml×4本
- ○食料
  - ○カロリーメイト
  - ○子供用おかし
  - ○ゼリー飲料等
- ○常備薬
- ○着替え(4人分)下着
- ○上着(4人分)
- ○保険証・貴重品
- ○小銭(硬貨で3000円程)
- ○メモ帳・筆記用具
- ○ナプキン
- ○ハンドタオル・ティッシュ
- ○ウェットティッシュ
- ○携帯充電器
- ○ビニール袋
- ○思い出の写真
- ○ばんそうこう
- ○住所・名前・連絡先の紙

あると便利

- ○カセットコンロ
- ○ガスボンベ
- ○固形燃料
- ○レジャーシート(クッション付)
- ○紙皿・紙コップ
- ○アルミホイル
- ○サンダル
- ○工具類
- ○水だけで洗えるシャンプー
- ○チャック付ビニール袋

備蓄用

- ○水2ℓ×8本
- ○食料
  - ○カップメン
  - ○缶詰
  - ○羊かん等
  - ○水だけで食べられるやつ
- ○ポリタンク(水入る用)
- ○シート
- ○軍手×大2・小2
- ○紐・縄
- ○布ガムテープ
- ○40ℓゴミ袋
- ○携帯ラジオ
- ○電池
- ○雨具
- ○懐中電灯
- ○マスク
- ○ノート・筆記用具
- ○防災MAP
- ○ホッカイロ
- ○携帯トイレ
- ○ロウソク・ライター
- ○タオル
- ○ふりかけ(子供用)
- ○米・みそ
- ○ティッシュBOX・トイレットペーパー
- ○サランラップ
- ○持出用連絡先リスト
- ○パンティーライナー・ナプキン
- ○折たたみ傘
- ○おりがみ(子供用)
- ○古新聞

保険証・貴重品は持出袋に入れっぱなしにしておけないので、別でまとめておく

書いてみたものの「本当に必要?」と思う
ものは、毎年更新して改善していく

74

Webや雑誌で気になったレシピを記録

インスタグラム、ツイッターなどで簡単で美味しそうなレシピがたくさん紹介されています。後で作ってみよう！と思っても忘れてしまうので、思い立ったらすぐに記録するように。

普通の四角に描くより、少しの手間でちょっとかわいい囲みにします

作ってみてどうだったかを ◎ 〇 △ × で評価します

6〜7行で書き切れるくらいの少ないレシピが良い。そのくらいじゃないと作ってみようと思わないかも

「リピしたい！」と思ったら〇を！　何度もリピするようになったら、マイレシピリストに書き写してレパートリーに入れていきます

雑誌で気になったレシピでも◎

WEBで

気になったレシピ

タコとプチトマトのマリネ

味　リピ

- たこ … 100g
- ミニトマト … 6コ
- オリーブオイル … 小2
- 塩 … 1つまみ
- 砂糖 … 小1
- 酢 … 小1

①たこは1口大に
②ミニトマトは半分に
③全てをまぜてできあがり

とりチャーシュー

味　リピ

・とりもも肉 … 1枚
★しょうゆ … 大3
★みりん … 大1
★酒 … 大2
★砂糖 … 大2
★おろしにんにく … 小$\frac{1}{2}$
★おろししょうが … 小$\frac{1}{2}$

①★をまぜる
②もも肉の筋をとり、めん棒でたたく
③くるくるまいて、ラップに包む
④③を600wで6分
⑤④に火が通ったらフライパンで焼き目をつけて
★をからめて完成

HMチーズおやき

味　リピ

★HM … 200g
★片くり粉 … 大3
★水 … 100ml
・ピザ用チーズ … 40g
・サラダ油 … 大3
・はちみつ … かける用

①★をよくまぜ、ひとまとまりにしてよくこねる
②つるんとしたら4等分して、チーズを包んで厚さ1.5cmまで平らにつぶす
③油をひき②をかるく押しつぶしながら中火で焼く
④両面に焼き色がついたらできあがり

味　リピ

75

前向きになりたいときの名言集の書き写し

テレビやネットで見て、心に響いた前向きになれる言葉をメモしていつでも読み返せるように書き写しています。心が乱れたときなどに開いて読み返すと、心が落ち着いたり、考えるきっかけになったりする大切なページです。

「A WORD THAT RESONATES WITH THE HEART」＝心に響く言葉、という見出しをつけました

このページはゲッターズ飯田さんの言葉だけですが、いろいろな方の素敵な言葉を、気付いたらこまめにメモします

ニコニコマークで前向きに

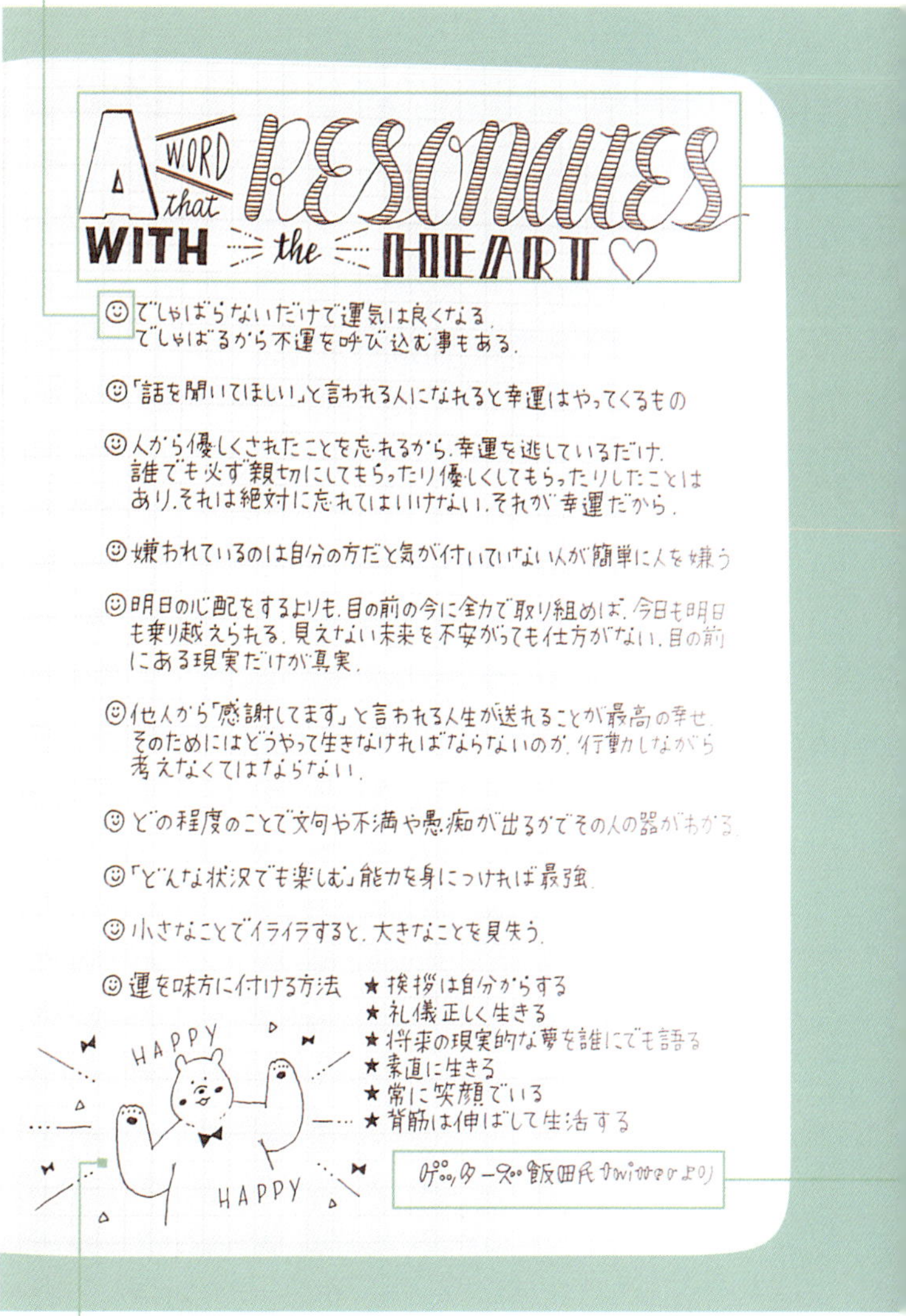
A WORD that RESONATES WITH the HEART
☺でしゃばらないだけで運気は良くなる.
でしゃばるから不運を呼び込む事もある.
☺「話を聞いてほしい」と言われる人になれると幸運はやってくるもの
☺人から優しくされたことを忘れるから.幸運を逃しているだけ.
誰でも必ず親切にしてもらったり優しくしてもらったりしたことは
あり.それは絶対に忘れてはいけない.それが幸運だから.
☺嫌われているのは自分の方だと気が付いていない人が簡単に人を嫌う
☺明日の心配をするよりも.目の前の今に全力で取り組めば.今日も明日
も乗り越えられる.見えない未来を不安がっても仕方がない.目の前
にある現実だけが真実.
☺他人から「感謝してます」と言われる人生が送れることが最高の幸せ.
そのためにはどうやって生きなければならないのか.行動しながら
考えなくてはならない.
☺どの程度のことで文句や不満や愚痴が出るかでその人の器がわかる.
☺「どんな状況でも楽しむ」能力を身につければ最強.
☺小さなことでイライラすると.大きなことを見失う.
☺運を味方に付ける方法
★挨拶は自分からする
★礼儀正しく生きる
★将来の現実的な夢を誰にでも語る
★素直に生きる
★常に笑顔でいる
★背筋は伸ばして生活する
HAPPY
HAPPY
ゲッターズ飯田氏twitterより

イラストも楽しいものにします

バレットジャーナルのお供に
修正ペンの活用！

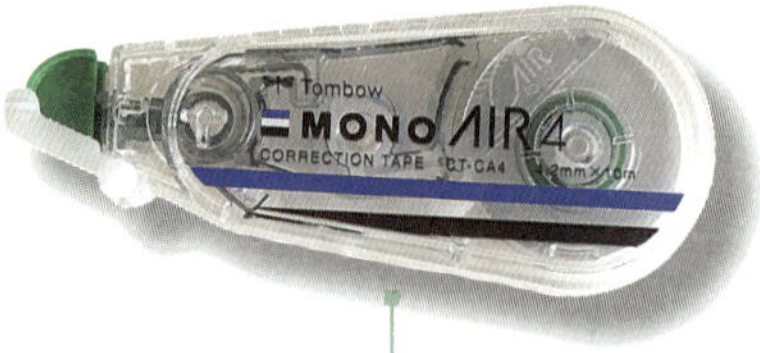

驚くほど軽く消せる「MONO AIR」（テープ幅4.2㎜）。手帳やノートの小さな文字の修正に。消しゴムと合わせて、MONOブランドで統一するのもオシャレ

とっても小さいから持ち運びに便利なミドリの「CORRECTION TAPE」。ヘッドが透明だから修正箇所を確認しながらキレイに消すことができるすぐれもの

Chapter 5

バレットジャーナル すぐに使えるイラスト集

76

かわいいイラスト、文字や数字のあれこれ

バレットジャーナルのトビラや見出し・カレンダーの数字をかわいいイラスト、文字や数字で描くだけで、テンション上がります！　いろいろな描き方を覚えて、素敵なページを作りましょう。

イラストをなぞって練習してみよう！

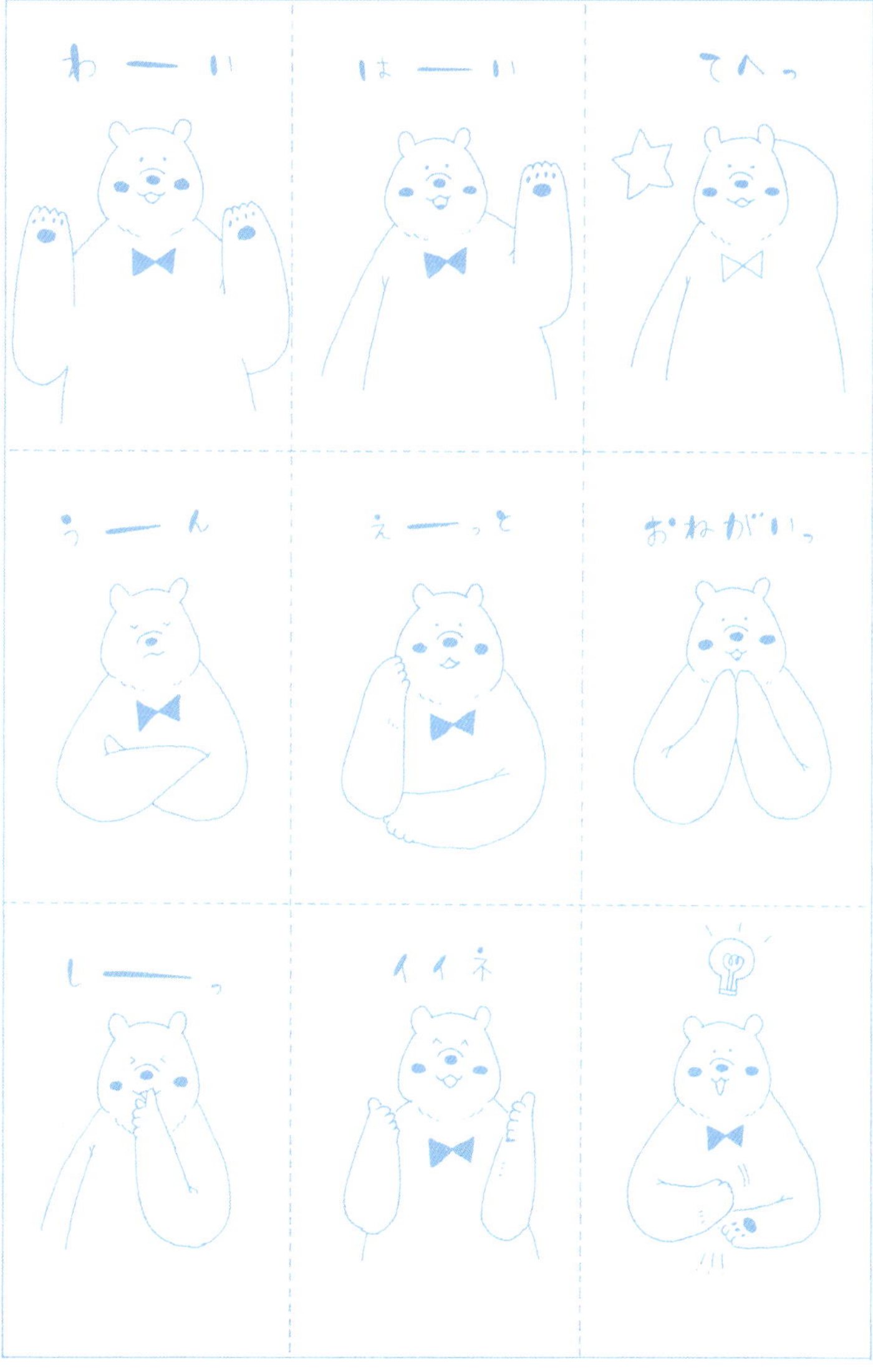
わーい
はーい
てへっ
うーん
えーっと
おねがいっ
しーっ
イイネ

77

左ページを見ながら練習してみよう！

HAIR STYLE

ITEM

FACE

顔のまわりいろいろ

78

影の付け方　練習してみよう！

国語算数あか
理科社会しろ

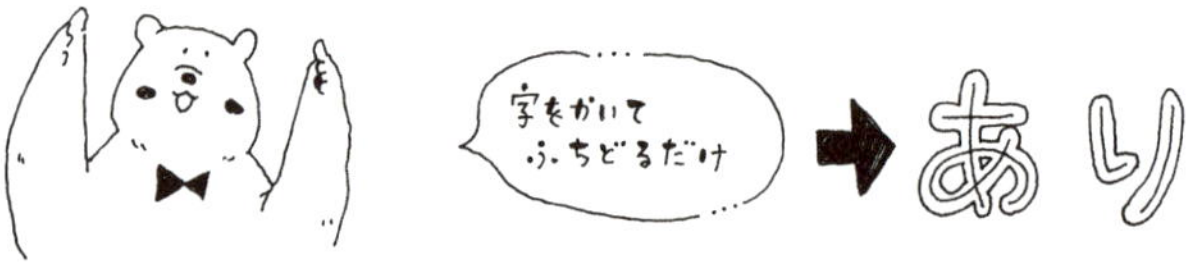
字をかいて
ふちどるだけ
あり

ARRANGE
影の付け方
で広がる

あ

… 右側に影を付ける

あ

… 右斜め上に影を付ける

あ

… 主線の縁取りも所々点線
+影をボーダー

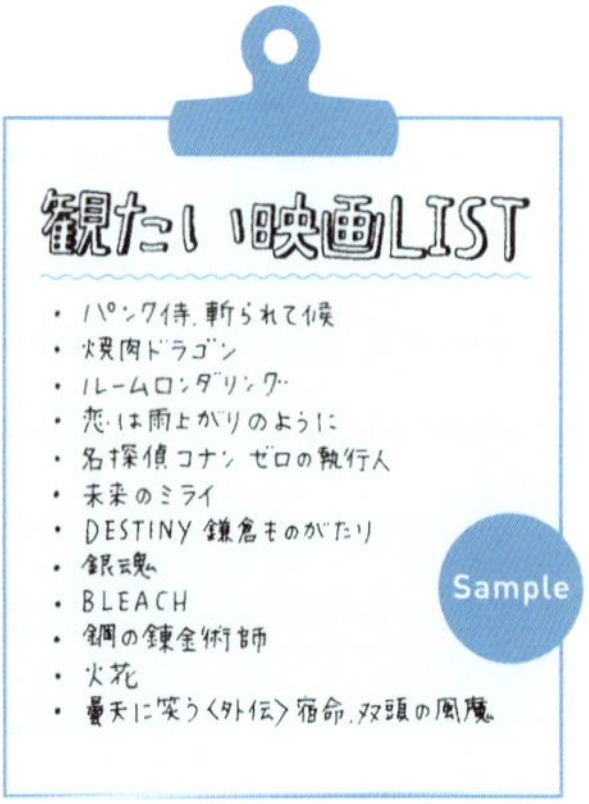
観たい映画LIST
・パンク侍、斬られて候
・焼肉ドラゴン
・ルームロンダリング
・恋は雨上がりのように
・名探偵コナン ゼロの執行人
・未来のミライ
・DESTINY 鎌倉ものがたり
・銀魂
・BLEACH
・鋼の錬金術師
・火花
・曇天に笑う＜外伝＞宿命、双頭の風魔
Sample

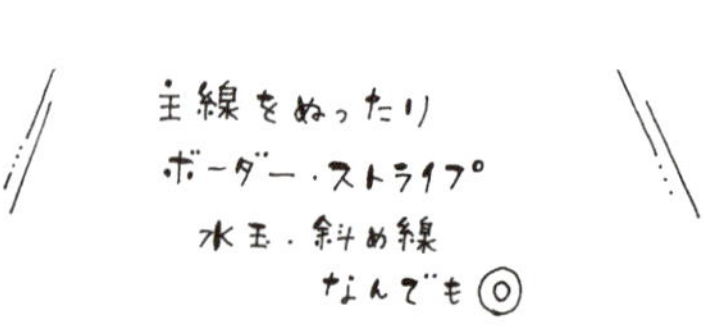
主線をぬったり
ボーダー・ストライプ
水玉・斜め線
なんでも◎

丸みをもたせず
カクカクさせるとまた
違う印象になるよ
あ

79

数字のあれこれ…なぞって練習しよう

1234567890
1234567890
1234567890
1234567890
1234567890
1234567890
上から2段目の
数字フォントを
1番よく使います
1
ボーダーにしたり
2
右側に影点線を入れたり
アレンジいろいろ

80

ABC…なぞって練習しよう①

筆記体と
大文字小文字の
ごちゃまぜ
自作フォント

Pick up News
Sample

ARRANGEMENT EXAMPLE

 … ボーダー、1本だけ点線に

 … 塗りつぶし＋右側に影線＋点

 … 塗りつぶし＋右側に影線＋ボーダー

81

あいうえお…なぞって練習しよう

あ い う え お か き く
け こ さ し す せ そ た
ち つ て と な に ぬ ね
の は ひ ふ へ ほ ま み
む め も や ゆ よ ら り
る れ ろ わ を ん

ARRANGE

… 塗りつぶし

… 斜め線

ABC…なぞって練習しよう②

ABCDEFGHIJKLMNOPQRS
TUVWXYZ

Point

方眼2マス分にみっちり書く
＋横線をかなり下めに書く

ARRANGEMENT EXAMPLE

ABCDE

… 左側の縦線のみ縁取りする

ABCDE

… 縁取り部分を塗りつぶす

ABCDE

… 縁取り部分をボーダーにする

ABCDE

… 全体を細く縁取る

ABCDE

… 全体を細く縁取り、文字の右側に影を付ける

ABCDE

… 影の部分にボーダーを描く

ABCDE

… 左側の縦線をかなり太めに縁取る

ABCDE

… 縁取りの中に縦線を描く

83

ABC…なぞって練習しよう③

ABCDEF
GHIJKL
MNOPQR
STUVWX
YZ
方眼3×3マス

ARRANGEMENT EXAMPLE

…ストライプに塗る

…水玉に塗る

…ボーダー、1本だけ点線に

Sample
WEATHER
1 2 3 4 5 6 7
8 9 10 11 12 13 14
15 16 17 18 19 20 21
22 23 24 25 26 27 28

ARRANGEMENT EXAMPLE

 … 線のみ

 … 縦線を太く塗る

 … 主線1本を太くし
中をボーダーに

 … 全ての線を少し太めに塗り
右側に線を引く（影）

 … 線を縁取りし、線に対して
楕円を描いて縄風にする

Point
左ページのフォントをアレンジできます

Pick up News
Sample

1		16	
2		17	
3		18	
4		19	
5		20	
6		21	
7		22	
8		23	
9		24	
10		25	
11		26	
12		27	
13		28	
14		29	
15		30	

お花アレンジも♥

1つのフォントで可能性無限大♥

文字のアレンジ…なぞって練習しよう

A B C D E

F G H I J

K L M N O

P Q R S T

U V W X Y

Z

a b c d e

f g h i j

k l m n o p q r

s t u v w x y z

85

左ページを見ながら練習してみよう！

飾り枠いろいろ①

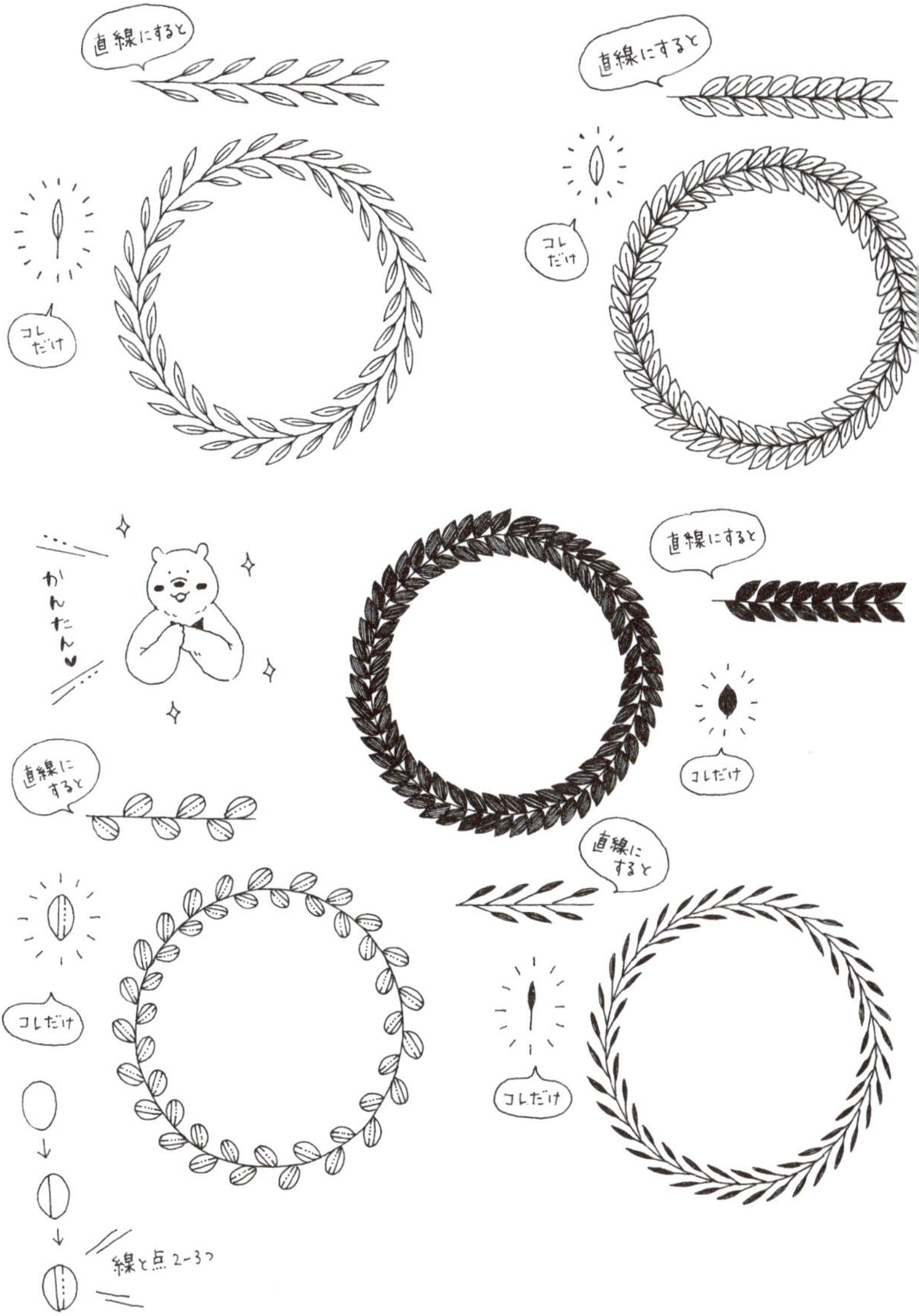

直線にすると
コレだけ
直線にすると
コレだけ
かんたん♥
直線にすると
コレだけ
直線にすると
コレだけ
直線にすると
コレだけ
線と点2~3つ

86

左ページを見ながら練習してみよう！

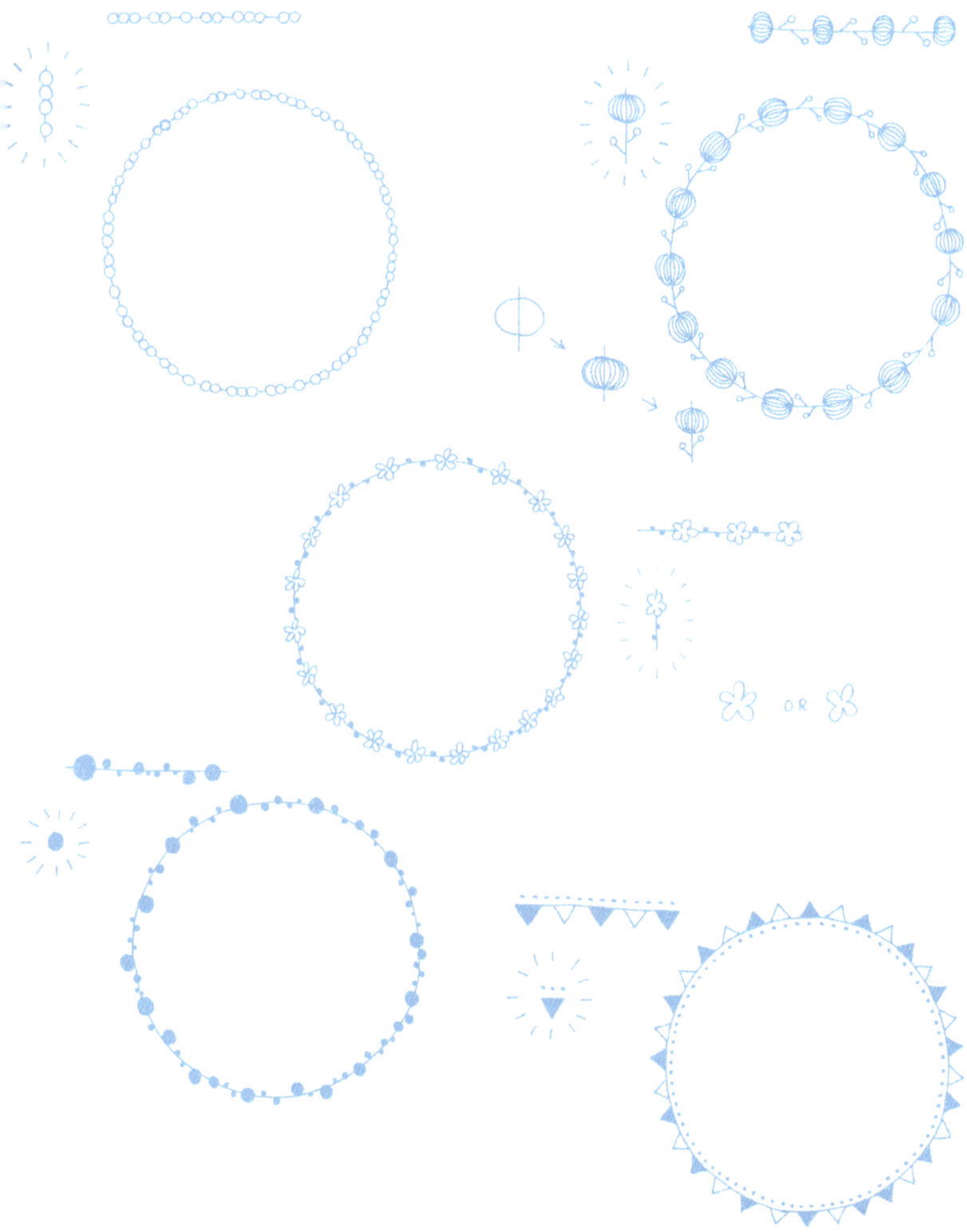

飾り枠いろいろ②

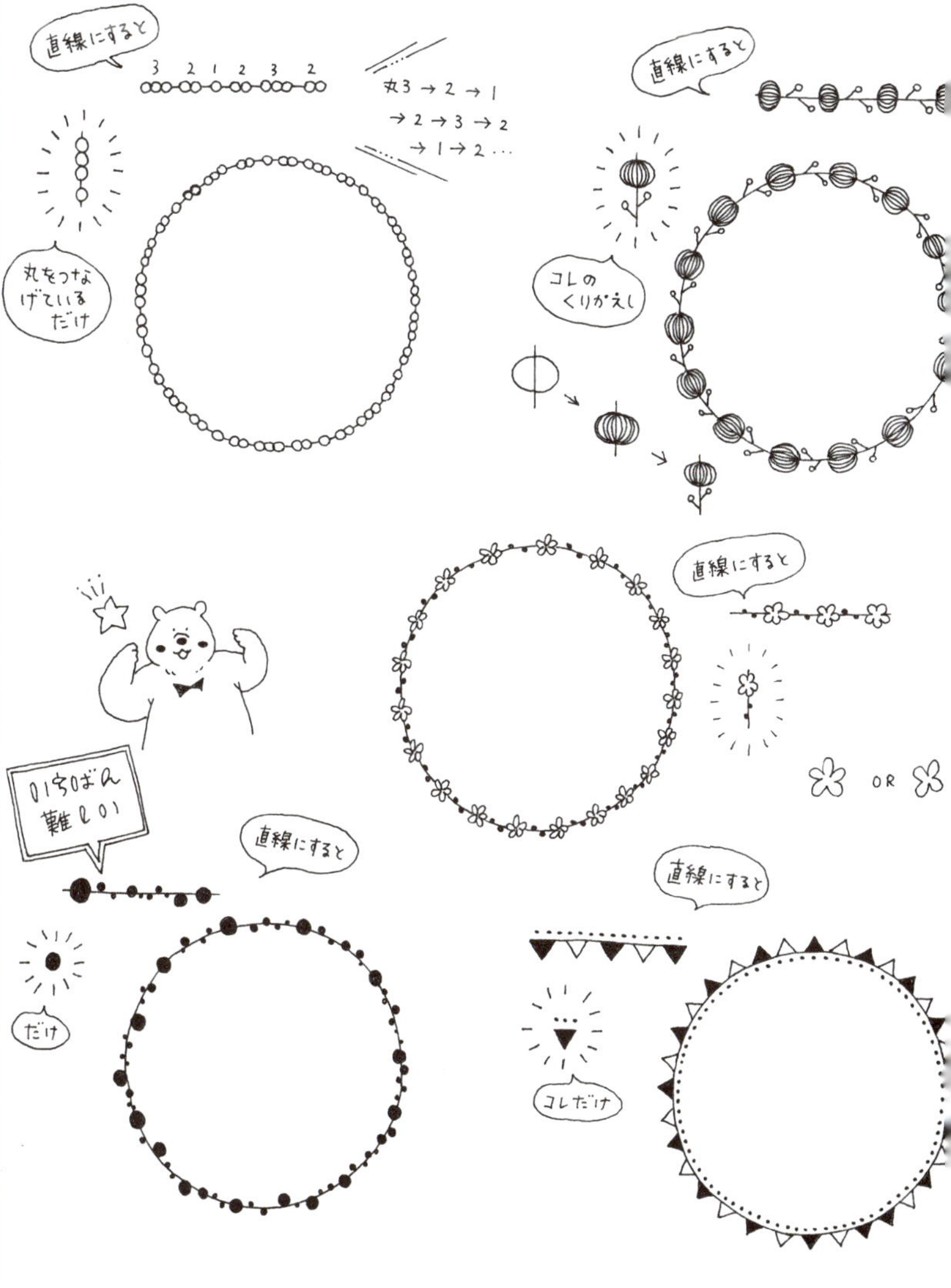
直線にすると
3 2 1 2 3 2
丸3→2→1
→2→3→2
→1→2…
丸をつなげているだけ
直線にすると
コレのくりかえし
直線にすると
OR
いちばん難しい
直線にすると
だけ
直線にすると
コレだけ

87

左ページを見ながら練習してみよう！

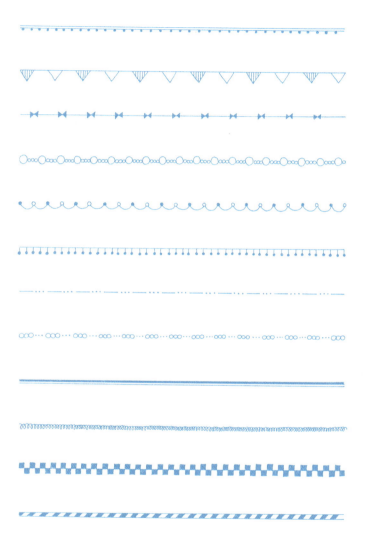

飾り罫いろいろ

2本線の下の線に●を一定間隔でつける

方眼の1マスおきに三角を描いてFLAGに。1つおきに塗ったり線を引いても◎

方眼の1マスおきにリボン（△を2つ）。リボンは塗っても塗らなくても◎

大きい○と小さい○を3つ。それを繰り返す

方眼の交差している所に○を。それをつなぐように描く。色を塗っても◎

主線から下ろした線の先に●を描く

簡単なので一番よく使う。1マス分の線を引いて、1マス分点線を描く。それを繰り返す

「3つの○」「3つの点線」の繰り返し

主線を太くして、その下にもう1本細線を描く

方眼線に沿って「ぐるぐる」を描く

主線の上下に交互に■を描いて塗りつぶす

二本線を描いて斜線を入れて1つおきに塗りつぶす

●制作スタッフ

[装丁・本文デザイン]　松川直也
[DTP]　坂本舎
[校正・校閲]　加藤優

[編集長]　山口康夫
[企画・編集]　石川加奈子

シンプルなのに驚くほどうまくいく!　バレットジャーナル活用術

2018年10月21日　初版第1刷発行
2018年12月11日　初版第3刷発行

[著者]　ねこねこ
[発行人]　山口康夫
[発行]　株式会社エムディエヌコーポレーション
〒101-0051　東京都千代田区神田神保町一丁目105番地
https://books.MdN.co.jp/

[発売]　株式会社インプレス
〒101-0051　東京都千代田区神田神保町一丁目105番地
[印刷・製本]　中央精版印刷株式会社

Printed in Japan

【カスタマーセンター】

造本には万全を期しておりますが、万一、落丁・乱丁などがございましたら、送料小社負担にてお取り替えいたします。お手数ですが、カスタマーセンターまでご返送ください。

落丁・乱丁本などのご返送先

〒101-0051　東京都千代田区神田神保町一丁目105番地

株式会社エムディエヌコーポレーション カスタマーセンター

TEL：03-4334-2915

内容に関するお問い合わせ先

info@MdN.co.jp

書店・販売店のご注文受付

株式会社インプレス　受注センター

TEL：048-449-8040／FAX：048-449-8041

ISBN 978-4-8443-6818-2 C0078